KB054341

세계사보다 더 재미있는
최진기의 전쟁사

세계사보다 더 재미있는
최진기의 전쟁사 2
근세부터 현대까지

초판 1쇄 인쇄 2019년 10월 7일
1판 5쇄 발행 2022년 4월 15일

지은이	최진기
발행인	서진
펴낸곳	이지퍼블리싱
책임편집	편집부
마케팅	김정현 이민우 김이슬
영업	이동진 박민아
표지디자인	강희연
본문디자인	박한별
주 소	경기도 파주시 회동길 37-9, 2F
대표번호	031-946-0423
팩 스	070-7589-0721
전자우편	edit@izipub.co.kr
출판신고	2018년 4월 23일 제 2018-000094 호

ISBN 979-11-966335-6-1 04900
    979-11-966335-4-7 (세트)

세계사보다 더 재미있는

최진기의 전쟁사

근세부터
현대까지

최진기 지음

izi 이지퍼블리싱

연표

고대 · 중세 전쟁사

B.C.

	492년	1차 페르시아 전쟁
2차 페르시아 전쟁 마라톤 전투 490년	480년	3차 페르시아 전쟁 살라미스 해전
가우가멜라 전투 331년	333년	이소스 전투
	264년	1차 포에니 전쟁
2차 포에니 전쟁 218년		
	149년	3차 포에니 전쟁

A.D.

몽골의 정복 전쟁 시작 1206년	1211년	몽골의 금나라 정벌
	1219년	몽골의 호라즘 제국 정벌
몽골의 유럽 정벌 1240년		
	1337년	백년전쟁 시작
콘스탄티노플 함락 전쟁 1453년		

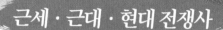

근세 · 근대 · 현대 전쟁사

A.D.

벽제관 전투	1593년	1592년 임진왜란
칠천량 전투	1597년	1598년 울산성 전투
		1618년 30년 전쟁
브라이텐펠트 전투	1631년	
		1793년 중국의 문호개방
중국 정부의 아편 몰수	1839년	1840년 아편전쟁
		1894년 청일전쟁
1차 세계 대전	1914년	1914년 사라예보 사건
덩케르크 대탈출	1940년	1939년 2차 세계 대전
히로시마 · 나가사키 원자폭탄 투하	1945년	
베트남 전투	1955년	1954년 디엔비엔푸 전투
대한민국, 미국 참전	1965년	
		1968년 구정 대공세
		1973년 베트남 전쟁 종결

차례

1장

16세기의
가장 큰 전쟁

임진왜란

1
패자의 관점에서 보는 임진왜란

1) 임진왜란과 조선 정벌

임진왜란(1592~1598)을 생각하면 누구나 이순신(1545~1598, 조선
시대 정읍현감, 진도군수, 전라좌도수군절도사 등을 역임한 무신) 장군을 제
일 먼저 떠올리지 않을까요? 저도 개인적으로 이순신 장군을 굉장
히 좋아합니다. 명량, 옥포, 한산 등 이순신 장군의 격전지를 쫓아
여행한 경험이 있을 정도죠. 최고의 의병장인 김덕령(1567~1596, 임
진왜란 때 의병장) 장군을 떠올려 볼 수도 있습니다. 안타깝게도 그는
이몽학의 난*에 연루되어 말도 안 되는 죄명으로 사형을 당하죠.
오로지 애국심 하나로 나라를 위해 싸운 의병장을 그렇게 대우한
조선의 지배층의 이야기가 꼭 임진왜란만의 일일까 하는 생각을
가집니다.

우리는 지금까지 임진왜란을 이순신 장군이 거둔 승전의 관점

에서 주로 봐왔습니다. 하지만 이 책에서는 조금 색다른 시선으로 보려고 합니다. 승자와 주류의 입장만이 아니라 패자와 비주류의 입장에서도 살펴보겠습니다. 가장 먼저 용어부터 정의해봅시다.

왜 우리는 '임진왜란'이라고 할까요? '임진년에 왜가 일으킨 난동'이라는 의미로 일본군에 대한 적개심이 담겨있습니다. 그런데 이 단어를 곰곰이 생각해 보면 일본 정부가 아니라 왜놈들한테 당했다는 이야기입니다. 객관적으로 본다면 임진왜란은 '조·일전쟁'이라는 표현이 더 잘 어울리지 않을까 싶습니다.

선조(1552~1608, 조선의 14대 왕)는 임진왜란과 정유재란(1597) 때 도성을 버리고 피난을 갔습니다. 정말 창피한 일이죠. 인조(1595~1649, 조선의 제16대 왕)는 더 나아가 정묘호란(1627)과 병자호란(1636~1637), 이괄의 난(1624, 인조반정 때 공을 세운 장군 이괄이 일으킨 반란) 때에 수도를 비웠습니다. 물론 전략적인 후퇴였겠지만, 그래도 선조와 인조의 경우를 합하면 왕이 수도 서울을 비운 횟수는 다섯 번이나 됩니다. 사실 한 국가의 왕이 수도를 비운다는 것은 정통성이 끝났다는 것을 의미합니다. 왕조에 있어서 가장 중요한 것은 적자 논쟁과 정통성 논쟁이거든요.

한편, 일본인들은 임진왜란을 조선 정벌이라고 합니다. 굉장히

Tip 이몽학의 난
임진왜란 중에 전주 이씨 서얼 출신인 이몽학이 일으킨 반란으로, 전쟁으로 굶주린 농민을 선동하여 왜적의 침입을 막고 나라를 바로잡겠다는 명분을 내세워 선조 29년(1596)에 충청도 홍산에서 일으켰다.

기분 나쁜 용어지만, 도요토미 히데요시(1536~1598, 일본 센고쿠 시대에 활약한 무장, 정치가, 다이묘이며 중세 일본 삼영걸(三英傑)로 불린다) 입장에서 놓고 보면 조선 정벌이 맞는 표현이겠지요. 도요토미 히데요시가 우리나라를 침략한 목적은 정명가도(征明假道) 때문이었습니다. '명나라를 정벌하고자 하니 길을 비켜 달라'고 했는데 조선이 거절하자 쳐들어온 것이지요.

도요토미 히데요시는 오다 노부나가(1534~1582, 일본 전국 · 아즈치 시대의 무장으로 센고쿠 시대를 평정한 인물. 중세 일본 삼영걸(三英傑)로 불린다)에 이어서 일본 전국을 통일한 후 도요토미 정권을 세웁니다. 그리고 조선 정벌을 위해 히젠나고야(일본 사가현)에 성을 쌓았습니다. 일반적으로 성은 방어하기 위해 쌓는 거죠. 그런데 그는 방어가 아니라 침략을 위한 전진기지로 최대 규모의 성을 쌓고, 그 성에 30만 명의 군사를 모았습니다. 그리고 히젠나고야성에서 16만 명의 군대를 출발시켰죠. 이렇듯 16세기 전쟁 중에 가장 많은 인력이 동원된, 가장 큰 전쟁이라고 말할 수 있는 것이 바로 임진왜란입니다.

1592년 4월 13일 부산에 도착한 일본군은 1군부터 10군까지 군대를 나눠서 진격합니다. 1군은 고니시 유키나가(1558~1600, 가토 기요마사와 함께 선봉을 맡아 한양에 제일 먼저 입성한 무장)가 이끌고, 2군은 가토 기요마사(1562~1611, 일본 센고쿠 시대와 에도 시대에 걸쳐 활동한 무장)가 이끌고 올라오죠. 4월 14일에는 부산 진성, 다음날 동래성을 점령하고 밀양성과 상주를 가볍게 함락시킵니다. 그리고 4월 28일에는 유명한 탄금대 전투에서 승리를 거둡니다. 이 소식을 듣게 된

임진왜란 당시 왜의 침입 과정

1. 1592년 4월 13일 부산 도착

2. 4월 14일 부산진성 함락

3. 4월 15일 동래성 함락

4. 4월 18일 밀양성 함락

5. 4월 25일 상주 조선군 괴멸

6. 4월 28일 탄금대 전투

7. 4월 30일 선조 한양 탈출

8. 5월 3일 한양 입성

→ 서울-부산 간 440km 20일 소요(일평균 22km 진격)

선조는 4월 30일에 궁을 버리고 한양을 빠져나갑니다.

5월 3일, 일본군은 한양에 입성합니다. 부산에 상륙한 것이 4월 13일이었으니, 부산에서 한양까지 440km나 되는 거리를 단 20일 만에 올라온 것입니다. 일반적으로 성인 남성은 한 시간에 4km를 걸을 수 있습니다. 하루에 6시간 정도를 걷는다고 치면 24km를 갈 수 있을 겁니다. 위에서 말한 440km는 직선거리를 말합니다. 당시 고속도로가 있을 리 없으니 실제로는 500~600km를 걸었을 겁니다. 즉 하루에 7~8시간씩, 20~30km를 매일매일 진격한 것입니다.

부산에서 서울까지 걸어서 20일 만에 도착했다는 것은 거의 어떠한 저항도 받지 않고 올라왔다는 것을 뜻합니다. 우리의 입장에서는 굉장히 치욕스러운 상황이라고 볼 수 있습니다. 한양까지 걸어오는 동안 부산에서 한 번, 그리고 탄금대에서 있었던 신립 장군과의 전투를 제외하고는 이렇다 할 전투가 없었던 것입니다. 일본군은 그저 한양으로 나 있는 길을 따라 앞만 보고 걸어왔을 따름이었죠.

병자호란(1636~1637)은 더 심각합니다. 청나라가 한양까지 들어오는 데는 딱 7일이 걸렸습니다. 부산에서부터 한양까지의 거리보다 훨씬 먼 거리였는데도 단 7일밖에 걸리지 않았습니다. 어떻게 그것이 가능했을까요? 청나라군이 말을 타고 하루에 50km씩 전진해 왔기 때문입니다. 보병은 하루에 20km 정도 밖에 진격할 수 없지만, 기병은 말 그대로 말을 타고 오기 때문에 훨씬 더 빠르게 진격한 겁니다. 아무리 말을 탔다고 해도 청나라는 한양까지 너무 쉽게 밀고 들어옵니다. 그 이유는 무엇일까요?

원인을 따져보면 임진왜란보다 더 황당합니다. 병자호란 당시 조선군은 청나라군을 상대로 옛날 생각을 한 겁니다. 예전에 고구려가 당나라를 물리칠 때 무슨 전법을 썼을까요? 청야전과 농성전입니다. 일대일로 싸우면 승산이 없으니까 들판에 불을 지르고 산성에 들어가 농성을 펼치며 싸우는 겁니다. '너희가 그냥 지나가면 배후를 칠거야'라는 작전이었죠. 병자호란이 벌어지자 조선군은 과거 고구려가 했던 이 작전이 맞아 떨어질 것이라 생각한 것입니다. 청나라군은 특히 주력이 기병으로 구성되어 있으니까요. 기병이 공성전에 약하다는 것은 보통의 상식이잖아요. 그래서 조선군은 전부 산성에 들어가서 철두철미하게 성을 지키기로 합니다. 하지만 이 예측은 완벽히 빗나갔습니다. 오히려 청나라군의 입장에서는 너무 고마웠을 겁니다. 아무런 방해도 없이 일주일 만에 한양으로 입성할 수 있었으니까요. 병자호란이든 임진왜란이든, 조선 관군의 무능함을 생각하면 어이가 없을 지경입니다.

2) 일본군의 무기, 조총의 등장

임진왜란에 대해서 배울 때, 대부분의 역사 선생님들은 '임진왜란 초창기에는 우리가 졌다'고 가르칩니다. 그리고 보통은 '조총' 때문에 졌다고 합니다. 조선의 패배 원인이 일본군이 가지고 온 신무기인 조총에 있다고 보는 거죠. 이 말이 사실인지 알아보려면 일단 조총의 위력에 대해 살펴볼 필요가 있습니다.

당시에 조총은 아주 우수한 무기 같지만, 실제로는 여러 가지

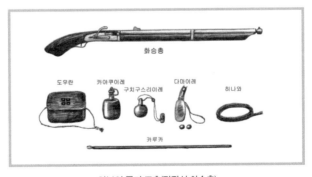

일본의 무기 조총(전장식 화승총)

단점을 가지고 있습니다.

첫째, 조총은 제작 단가가 굉장히 비쌉니다. 하지만 활은 상대적으로 마음만 먹으면 언제든지 저렴하게 만들 수 있죠. 둘째, 활보다 사거리가 짧습니다. 언뜻 총알이 화살보다 멀리 날아갈 것 같지만 당시 조총의 총알은 결코 멀리까지 날아가지 못했습니다.

한 발을 쏜다고 할 때, 활과 조총 중에 어떤 것이 더 오래 걸릴까요? 조총이 빠를 것 같지만 그렇지 않았습니다. 활은 등 뒤에 메고 있는 화살통에서 뽑아서 계속 쏘면 됩니다. 그런데 조총은 히나와라는 끈을 총알 넣는 부근에 매달아서 심지에 불을 붙여야 합니다. 불은 또 어떻게 붙이죠? 당시엔 라이터가 있을 리 없으니 부싯돌로 불꽃을 만들어야 합니다. 즉 총을 한 번 쏘려면, 화약을 넣어놓고 심지를 매달아서 불을 붙인 다음 불꽃이 모두 타 들어가야 되는 거예요. 물론 다시 쏘려면 이 모든 과정을 되풀이해야 하죠. 사실 조총의 최대 약점은 발사 속도가 느리다는 것이었습니다.

명중률도 마찬가지입니다. 활이 더 정확할까요? 조총이 더 정확할까요? 조총은 사거리와 발사 속도에 이어 명중률 또한 떨어졌습니다. 이외에 비가 오면 사용할 수 없다는 치명적인 약점 또한 가지고 있었습니다. 지금의 총을 떠올려보면 잘 상상이 안 되지만, 당시의 조총은 많은 단점을 가지고 있던 무기였습니다.

이렇듯 조총은 많은 단점을 가지고 있었지만 그렇다고 강력하지 않은 건 아니었습니다. 조총의 위력을 가늠해 볼 수 있는 유명한 일화가 하나 있습니다.

1. 조총의 단점
   - 비싼 제작단가
   - 활보다 사거리가 짧고 발사 속도가 느리며, 명중률이 떨어짐
   - 우천 시 사용불가

2. 조총의 장점
   - 쉬운 훈련으로 대규모 조총부대 조성 가능
   - 기마대, 보병대열 붕괴 가능

3. 기타
   - 보병 지원부대 필요

일본에서는 유명한 무장들이 서로 만나서 일대일로 대결하곤 했어요. 그런데 어느 날 일본에서 싸움을 제일 잘하는 무장이 조총을 가진 병졸에게 지게 됩니다. 이로 인해 조총부대의 위력이 알려지게 되죠. 그리고 이 조총부대를 최고 강군으로 만들어 자기편으로 끌어들이면서 최고 군벌이 된 사람이 있었으니, 바로 오다 노부나가입니다.

임진왜란으로부터 300년쯤 지난 1894년 동학농민혁명 때 관군·일본 연합군 2,000명과 동학군 1만 명이 격돌을 합니다. 우금치 전투*죠. 일본군의 무기는 사정거리가 길고 발사 속도가 빠른 기관총과 근대식 소총이었고, 동학농민군의 무기는 조총보다 조금

개량된 화승총이었습니다. 화승총은 조총의 단점을 그대로 가지고 있어서 비가 오면 사용하지 못합니다. 불이 안 붙으니까요. 사정거리도 일본 소총의 10분의 1도 안 됩니다. 그래서 동학농민군들이 비가 오는 날 우금치에서 일본군에게 학살을 당한 것입니다.

그렇다면 조총부대의 최대 장점은 뭘까요? 첫째, 단기간의 훈련으로도 총을 쏠 수 있다는 겁니다. 예를 들면, 그리스 시대의 기병은 최소 3년에서 5년은 훈련을 받아야 합니다. 궁병도 마찬가지입니다. 최소 1년에서 2년은 훈련을 받아야 해요. 민속촌에 가서 활을 들고 시위를 당겨 보세요. 아마 잘 당겨지지 않을 거예요. 활을 잘 쏘는 것은 결코 쉬운 일이 아닙니다. 반면에 조총은 활과 달리 배우기가 쉬웠습니다.

두 번째 장점은 첫 번째 장점과 밀접한 관련이 있습니다. 조총병은 숙련에 오랜 시간이 걸리지 않기 때문에 병사는 병사의 일을 하면서도 농사를 지을 수 있었습니다. 당시 숙련된 기병이나 궁병한 명을 생산한다는 것은 한 명의 농민을 포기해야 한다는 것을 의미했습니다. 그래서 옛날에는 양인개병(良人皆兵, 모든 양인은 현역으로 일정 기간 복무)의 원칙이 있지만 실제로 전투를 뛰어나게 할 수 있는

Tip 우금치 전투
1894년(고종 31) 11월 동학농민운동 당시 농민군과 조선·일본 연합군이 우금치(공주)에서 벌인 전투. 동학농민군이 벌인 전투 중 가장 큰 전투로, 월등한 무기를 가진 조선·일본 연합군에 대패하였다. 이때의 패배는 동학농민운동의 실패에 결정적 계기가 되었다.

군사들은 많지 않았어요. 농사일을 팽개치고 고도의 전투훈련을 받아야 되기 때문이죠. 지금은 입대하면 금방 군인이 되지만 그때는 어림도 없었습니다.

조총부대의 세 번째 장점이자 최대 장점은 바로 파괴력입니다. 총알로 갑옷을 뚫을 수 있었죠. 예를 들어 아랍 기병들의 말을 보면 말도 사람도 갑옷을 두르고 있지 않습니까? 그런데 조총은 그걸 뚫어 버릴 수 있었어요. 그 덕분에 보병부대나 기병부대를 모두 붕괴시킬 수 있었습니다.

이런 장점들을 모아 일본 전국시대에 조총부대를 역사의 주인공으로 등장시킨 사람이 바로 그 유명한 오다 노부나가입니다. 그리고 잘 알려져 있다시피 오다 노부나가의 가신이었던 토요토미 히데요시 역시 조총부대를 자신의 주력군으로 삼게 됩니다.

하지만 조총부대라고 해서 항상 승리를 거둔 것은 아니었습니다. 일본의 조총부대에 당한 조선은 임란 이후 조총부대를 양성합니다. 그런데 이 조총부대는 병자호란 당시의 한 전투에서 어이없는 패배를 맛보게 됩니다.

병자호란이 터지자 남한산성에 피신한 인조는 원군을 기다립니다. 《연려실기술》(조선 후기의 실학자 이긍익이 찬술한 조선시대 야사총서)에 따르면 쌍령(지금의 경기도 광주군)에 군사들이 4만 명이 모였다고 합니다. 당시 상황을 봤을 때 3~4만 명은 틀림없이 모였을 것 같아요. 그런데 청나라군 300명에게 전멸당합니다. 4만 명이 300명한테 전멸당하는 초유의 사태가 벌어집니다. 이것이 바로 그 유명한 쌍령전투(1637)입니다.

청나라군들은 모두 기마부대였고, 쌍령에 모였던 우리 군대들은 주력은 조총부대였습니다. 객관적인 전력만 놓고 본다면, 탄금대에서처럼 당연히 조총부대가 이겼어야 하죠. 하지만 졌습니다. 그 이유는 훈련이 제대로 안 되어 있기 때문이었습니다. 앞에서 말했듯 조총부대의 훈련은 어렵지 않은데, 이때 조선군은 그 쉬운 훈련도 제대로 안 되어 있던 거예요.

또한 지휘도 제대로 이루어지지 않았습니다. 조총부대는 지휘가 굉장히 중요합니다. 기마병이 100명이 서 있을 때 '돌격!' 하면 앞으로 나아가잖아요. 보병도 마찬가지예요. 하지만 발사 시간이 오래 걸리는 조총부대는 1열, 2열, 3열로 서서 순차적으로 쏴야 힘이 발휘됩니다. 나폴레옹도 '누워 쏴, 앉아 쏴, 서서 쏴' 했잖아요. 뒤에 포병이 지원하고요. 전투를 할 때는 전략도 중요하지만 전술이 있어야 합니다. 그런데 이때의 조선의용군은 전국 각지에서 막 집결한 군대라 제대로 된 지휘체계가 없었고, 어설프게나마 있던 그 지휘체계마저 전투개시 직후 바로 무너져 버리고 맙니다. 상황이 이러하니 당연히 제대로 전투를 치를 수 없었던 거죠.

당시의 상황 속으로 들어가 보겠습니다. 조선의 조총부대를 향해 청나라군이 기습에 들어갑니다. 그러자 조총부대는 공격은 생각도 못하고 우왕좌왕하며 난리가 납니다. 그리고 청나라군은 조총이 갑옷을 뚫지만 두꺼운 나무는 뚫지 못한다는 것을 이미 잘 알고 있었습니다. 총알을 쏘면 목책 방패로 막고 넘어가서 조총부대를 칼로 공격하는 간단한 원리로 조총부대를 무너뜨립니다.

쌍령 전투의 4만 군대는 제대로 훈련이 안 되어 있는데다 지휘체계도 붕괴되어 있었기에 고작 300명의 청나라 기병에게 처참히 패배하고 맙니다. 아마 임진왜란 당시의 전투 중 가장 최악의 전투가 아니었나 싶습니다.

쌍령에서 패배했다는 전갈을 받은 인조는 삼전도로 가서 청나라 태종 앞에 무릎을 꿇고 청나라가 요구한 항복의식을 받아들입니다. 항복문을 읽고, 3번 절하고, 9번 머리를 조아리는 삼궤구고두(三跪九叩頭)를 하며 '삼전도 굴욕'을 당하죠.

이제 좀 정리를 해 볼까요? 조총은 일면으로는 굉장히 강력한 무기지만, 또 한편으로는 약점도 많았습니다. 따라서 임진왜란 초기 국면에서 패배한 이유가 일본의 조총 때문이라는 것은 어쩌면 제 생각에는 당시 지배층이 자신의 무능을 숨기기 위한 이데올로기일 수도 있다고 생각합니다. 사실은 자신들의 무능과 안일함 때문에 패배했지만, 일본군의 전력과 무기가 너무나 강력해서 졌다는 식의 논리로 자신들의 책임을 회피하는 것이지요.

이와 비슷한 예로 일본의 모습을 떠올릴 수 있습니다. 일본 사람들은 임진왜란 이야기할 때 이순신 장군을 엄청 높이 평가합니다. 왜 그럴까요? 형편없는 사람에게 졌다고 하면 창피하잖아요. 생각해 보세요. 내가 어떤 사람과 싸워서 엄청나게 얻어맞고 얼굴이 피투성이가 됐어요. 얼굴이 왜 그러냐고 묻는 가족들이나 친구들에게 뭐라고 말할까요? 일대일로 싸워서 졌다고 하면 창피하니까 17 대 1로 싸웠다고 말할 겁니다. 그래야 덜 창피하니까요. 똑같은 거예요. 물론 진심으로 이순신 장군을 높이 평가하는 일본 사람도 있겠지만, 기본적으로는 패배한 자기 자신을 위해 '이순신 장군이 너무 세서 졌다'라고 말하는 겁니다.

마찬가지로 선조도 "일본군이 침략했는데 우리 관군이 준비도 잘하고 나름대로 잘 싸웠지만 일본 조총을 당할 수 없어서 졌어. 그런데 다행히 명나라가 도와줘서 다시 나라를 되찾은 거야. 의병들이나 이순신이 잘 싸웠다고 해도 사실 그거 별거 아니야"라고 하는 것과 같죠. 이것이 바로 조총이 엄청난 무기로 둔갑한 진짜 이유가 아닐까요?

3) 일본군에 맞선 조선의 무기 체계

조총이 일본의 무기였다면 조선의 무기는 무엇이었을까요? 조선의 무기는 기본적으로 창과 활입니다. 특히 활은 사정거리가 길어 위협적이었죠. 의병들은 전투할 때 화살을 쏘고 재빠르게 도망갔습니다. 도망갈 수밖에 없었던 이유는 일본군이 근접전에 단련된 군인이기 때문이죠.

물론 일본군에는 조총부대만 있지는 않았습니다. 발사를 준비하는 사이에 기병이 넘어올 것을 대비해 조총부대 옆엔 항상 장창부대가 항상 함께 있었거든요. 많은 전투와 훈련으로 실력을 다진 일본군들은 이렇듯 칼과 창으로 접근전을 치렀는데, 창의 길이도 우리보다 2m 더 길었습니다. 또 일본에는 말을 단칼에 벨 수 있는 참마도(斬馬刀)라는 칼도 있었죠. 이런 무기들이 더해진 일본군은 특히 육박전에 강했습니다. 종합해 보자면 일본군은 장창부대와 칼부대, 조총부대로 이루어진 막강 보병이었던 거죠. 그래서 혹자는 '임진왜란은 세계 최강의 육군과 세계 최강의 해군이 붙었던 전투다'라고 평가합니다. 전적으로 동의하는 것은 아니지만, 어쨌든 당시 일본군이 대단했던 것은 사실입니다.

일본군에 조총이 있었다면, 우리에게는 활과 더불어 현자총통, 승자총통 등의 총통이 있었습니다. 쉽게 말해 총통은 개인이 들고 다니는 소형 대포인데, 화약을 넣고 심지를 붙여 목표물을 향해 쏘는 형식이었죠. 여기서 한 가지 오해가 있을 수 있습니다. 총통에서 나가는 것은 폭탄이 아니라 쇠구슬입니다. 영화나 드라마에서 조선

임진왜란 당시 조선군의 무기

· 1 낭선 2 장창 3,4 기창 5,6 가지창 7 장겸
· 8 월도 9 협도 10 승자총통 11 현자총통
· 12 등패 13 편곤 14 환도
 - 창류 길이 : 보병4m, 기병 1.5m
 - 총통 종류 : 승자총통, 현자총통
 - 총통 장단점 : 정확도와 속도 ↓
         사정거리와 파괴력 ↑

시대 전투 장면을 보면, 조선군이 쏜 대포알이 날아가서 쾅하고 터지잖아요? 그것은 사실이 아닙니다. 물론 임진왜란 때 비격진천뢰(도화선 방식의 지연 신관 폭탄)와 같은 폭탄도 있었으나 일반적으로 총통은 쇠가 날아가서 적에게 피해를 주는 방식의 화기였습니다. 쇠구슬이 깨져서 파편으로 날아가 근접한 적의 방진에 파편을 끼얹어, 주로 보병이나 기병에게 피해를 주었죠. 우리가 생각하는 일반적인 형태의 대포, 즉 탄환이 목표물에 닿으면 터지는 대포는 임진왜란이 일어난 때보다 한참 후의 전쟁에서부터 등장합니다.

2
명나라와 일본의 긴장된 첫 만남, 벽제관 전투

임진왜란의 3대 대첩은 우리에게도 잘 알려져 있습니다. 이 3대 대첩은 각각 이순신 장군의 한산도 대첩(1592), 진주 목사 김시민의 진주성 전투(1592), 권율 장군의 행주 대첩(1593)이죠. 그중 진주성 전투는 1차(1592)와 2차(1593)로 두 차례 벌어졌습니다. 1차 전투(진주 대첩)보다 논개와 촉석루가 등장하는 2차 진주성 전투의 규모는 첫 번째보다 더 컸습니다. 일본군은 1차 전투의 패전을 설욕하고 전라도 진출을 위해 신무기를 총동원했을 뿐 아니라 4만 3천 명에 달하는 선봉대를 앞세워 공격을 퍼부었습니다. 약 6,000명의 관군들이 한참을 치열하게 싸웠지만 결국 패전하면서 진주성 안에 있던 군민들이 궤멸됩니다.

반면 일본은 우리와 달리 일반적으로 벽제관 전투(1593), 칠천량 해전(1597), 울산성 전투(1597)를 임진왜란의 3대 전투로 꼽습니다.

여기서 '벽제관 전투가 무슨 전투지?' 하는 분들도 있을 겁니다. 울산성 전투 또한 모르는 사람들이 대부분일 겁니다. 칠천량 전투는 조선 수군이 칠천량에서 일본 수군과 벌인 해전으로, 원균이 대패한 전투로 알려져 있지만 역시 앞서 나온 3대 대첩만큼 잘 알려져 있지는 않은 것 같습니다. 우리에게 다소 낯선 이 세 전투를 통해 조금은 다른 시선으로 임진왜란을 한번 들여다보도록 하겠습니다.

먼저 벽제관 전투(여석령 전투)부터 보겠습니다. 일본군이 삽시간에 서울까지 올라오자 선조는 의주까지 도망을 갑니다. 이때만 해도 명나라는 조선이 일본 편을 들어주고 있는 것은 아닌가 의심을 하고 있었습니다. 일본이 정명가도(征明假道, 조선 선조 때에, 일본의 도요토미 히데요시가 조선정부에게 중국 명나라를 치는 데 필요한 길을 빌려 달라고 요구한 말)를 요구했다는 것을 알고 있었으니까요. 그래서 사신을 파견해서 정말로 일본을 피해 명나라로 오려고 하는 것이 사실인지 알아보려고 하죠. 선조 말이 사실임을 확인한 명나라는 도망을 오는 것은 좋지만 '호송 인원을 100명만 데리고 오라' 는 조건을 붙입니다. 일설에 따르면 선조는 이 조건에 망설였다고 합니다. 아무리 생각해도 호송 인원 100명으로는 안전할 것 같지 않았거든요. 고민 끝에 선조는 명나라로 피난 가는 것을 포기하고 대신 구원을 요청합니다. 명나라는 이를 수락했고, 조선에 들어온 명의 첫 원병은 요동 수비병 3,000명으로 구성된 조승훈(요동 부총병)의 부대였습니다.

조승훈이 이끄는 3,000명의 명군과 조선군 3,000명이 연합하여평양성으로 진격을 합니다. 그런데 막상 평양성에 도착하니 성문이 활짝 열려있고 적들이 보이지 않았습니다. 그걸 본 조승훈은 '우리 명군이 온다니까 놀라서 도망갔군'이라고 생각하고 방심하며 평양성 안으로 들어갑니다. 그런데 이 결정은 치명적인 패배의 원인이 됩니다. 사실은 일본군이 일부러 문을 열어놓고 성벽 주변에 매복을 하고 있었거든요. 일본군의 전략에 제대로 걸려든 조명 연합군은 조총 공격 등 일본군의 공격으로 궤멸됩니다.

조승훈의 1차 원군이 패하자 명나라는 긴장을 하기 시작합니다. 현대의 사건에 비유하자면, 미군이 아프가니스탄에 가서 패할 거

명군의 원조와 평양성 탈환

1. 조승훈 부대 : 3,000명의 명군과 3,000명의 조선군으로 평양 공격
   → 유인전술에 말려들어서 전멸
2. 이여송 부대 : 5만 병력으로 평양성 포위 공격 → 평양성 탈환

	조선(조명 연합군)	일본
지휘관	이여송(명의 장수), 김명원, 사명대사	고니시 유키나가, 도도 다카토라
병력	조선군 8,000명 승병 2,000명 명군 4만 3,000명	1만 8,700명
피해규모	5,800명 사상	1,200명 전사 / 5,000명 부상

라고 생각을 했겠습니까? 베트남에 가서 질 거라고 생각을 했겠습니까? 아마도 아닐 겁니다. 명나라도 같은 심정일 테지요. 일본군을 얕보고 소규모 원군을 보냈다가 궤멸당하자, '이거 안 되겠는데?' 하며 물량공세에 들어갑니다. 제독 이여송을 현장 총지휘관으로 삼아 약 5만 명의 군사를 2차 원병으로 보낸 거죠. 그 5만 병력으로 평양성을 포위하고 공격합니다. 정면 돌파를 하는 거예요. 그 결과 조명연합군은 5,800명의 사상자를 냅니다. 둘 다 큰 피해를 본 셈이지만 어쨌든 조명연합군은 평양성을 탈환합니다. 일본군은 1,200명 전사에 부상자 5,000명이라는 큰 피해를 입습니다. 두 번째 평양성 전투에서는 명군이 승리한 것이지요.

다음으로 벽제관 전투를 이야기해 볼까요? 벽제관 전투는 지금의 경기도 벽제동 일대에서 벌어진 전투를 가리킵니다. 벽제는 한양 바로 위쪽에 있죠. 평양성 전투에서 승리한 뒤 기세등등하여 한양 쪽으로 내려오던 이여송 부대는 벽제관에 들어가면서 소규모 일본 부대와 만나게 됩니다. 일본군은 평양성 전투에서 패배한 후 전력을 다시 세우기 위해 전부 한양에 집결해 있었죠.

이여송 부대가 벽제에서 일본군을 만난 것은 우연이 아니었습니다. 일본군은 500여 명의 특공대를 벽제에 보내서 이여송을 자극한 뒤 자신들을 추격하도록 꾀어냈던 것이지요. 이여송 부대는 일본군이 앞에서 얼쩡거리니까 그들의 전력을 얕보고 뒤를 쫓아갑니다. 이여송 부대는 보병과 기병으로 구성되어 있는데, 그중 장군들

이여송의 벽제관 패전		

- 일본군
  - 조명 연합군과의 평양성 전투에 패배
  - 한양에 집결
  - 명군 추격에 일본군 조총부대 매복시킴
- 조선(명군)
  - 후방에 보병 부대 남김
  - 정예기병 이끌고 일본군 추격
  - 일본군 조총부대의 매복에 걸려 기병부대 전멸

	조선(조명 연합군)	일본
지휘관	이여송, 이유승	우키타 히데이에 고니시 유키나가 / 가토 기요마사
병력	명군 4만 3,000명	7만 40,000명
피해규모	기병 3,000명 중 1,500명 사상 지휘관 15명 사망	추정 불가

을 중심으로 구성된 기병이 일본군을 쫓아갔죠. 일본군 500명은 벽제관 쪽으로 향했습니다. 일본군이 왜 벽제관으로 들어갔을까요? 벽제관이 매복에 유리한 협곡이었기 때문입니다.

　사실 일본군의 전략은 아주 초보적인 전술입니다. 어떤 장수든 적의 뒤를 쫓다가도 협곡이 나오면 당연히 멈추고 추격을 포기하는 것이 일반적이죠. 하지만 이여송은 일본군을 너무 얕본 나머지 벽제관 협곡 안으로 쫓아 들어갑니다. 일본은 이 기회를 놓치지 않았습니다. 이여송 부대가 들어서자마자 협곡 양쪽에서 기다리고 있던 일본의 조총부대가 짠하고 등장했죠.

최종적으로는 일본군이 먼저 물러나지만, 이 벽제관 전투를 통해 명나라군의 3,000명 기병 중 1,500명이 사망하고 맙니다. 또 지휘관 대부분이 궤멸당하죠. 벽제관 전투는 사실상 명군의 패배라고 볼 수 있습니다. 상대를 얕보는 안일한 실수를 저지른 거죠.

재미있는 부분은 그 이후인데, 이여송은 황제에게 벽제관 전투에서 승전했다고 보고를 합니다. 도저히 패전했다고는 할 수 없으니 '큰 승리를 거두었으나 안타깝게 지휘관들이 이렇게 죽었습니다. 그러나 적은 수도 없이 더 죽었습니다' 라고 보고한 것이지요. 하지만 일본군은 1,000명밖에 죽지 않았습니다. 단순히 수치만 보면 '비슷한 숫자가 죽었잖아요' 라고 말할 수도 있겠죠? 그러나 절대 아닙니다. 명나라군은 다수의 장군이 포함되어있는 기병이었으니까요. 그러니 종합해 보면 이 전투는 일본군이 명군을 패퇴시킨 전투라고 볼 수 있습니다.

임진왜란 전체를 놓고 볼 때, 이 벽제관 전투는 중요한 전쟁으로 꼽힙니다. 왜 중요한 지에 대해서는 우선 임진왜란에 대해 살펴보고 난 후에 이야기해 보도록 하겠습니다.

임진왜란은 크게 1592~1593년에 한 번, 1597년 정유년에 또 한 번 그리고 1599년에 일어난 싸움을 거쳐 총 세 번의 싸움으로 기록됩니다. 1597년은 정유년에 있던 전투를 의미하고, 1598년은 도망을 가다가 발생한 전투를 말합니다. 나머지는 전부 소강상태였어요. 1593년부터 1597년까지는 전투가 거의 없습니다. 이 사이의 기간에는 전투가 아닌 주로 약탈이 이루어집니다. 명군과 일본군의 약탈로 중간에서 고통받는 건 조선의 민중들이었습니다. 이 기간엔 왜 전투가 없었을까요? 벽제관 전투 이후 명나라 부대가 평양에서 내려오지 않았거든요. 명나라 군대가 평양에서 일본군에 승리를 거두면서, 일본의 장군들 대부분은 이미 다음과 같은 사실을 깨달았을 겁니다. '일본은 조선·명나라 연합군(이하 조명 연합군으로 표기)을 이길 수 없다'는 것을요. 평양성 전투나 한산도 대첩에서 대패했으니 그럴 수밖에요.

자, 이제 임진왜란에서 가장 결정적인 순간을 만나볼까요? 다음으로 우리가 이야기할 전투는 한산도 대첩입니다. 한산도 대첩은 조선에게 불리하게 돌아가던 전세를 전환시켜준 사건이죠. 우선 일본이 평양을 차지했을 때로 돌아가 순차적으로 이야기해 볼게요.

일본이 평양을 차지한 뒤 의주로 들어가려던 때 일본군의 발을 잡는 사건이 발생합니다. 한산도 대첩 패전 소식을 듣게 된 거죠. 이 소식은 곧 전라도로 들어오는 일본의 보급로가 끊겼다는 것을 의미합니다. 일본군들은 수륙병진(바다 또는 강과 육지에서 군대가 아울러 나아가는 방식)전법을 썼거든요. 수륙병진은 우리나라를 쳐들어오는 많은 세력이 주로 사용하는 전법입니다. 당나라든 수나라든 육지와 바다 두 곳을 통해 동시에 쳐들어옵니다. 예를 들어, 백제를 멸망시킬 때도 신라가 육지를 담당하고, 당이 바다를 담당합니다. 반도 국가 침략에는 수륙으로 들어오는 것이 기본 전략이지요.

임진왜란 시 일본도 마찬가지로 육지와 바다를 통해 동시에 들어왔었죠. 그러니 '한산도 대첩에서 졌다'는 말은 바다를 통한 보급로가 끊겼다는 말과 같았습니다. 의주로 올라가려고 했던 육지 부대 입장에서는 굉장히 큰 문제가 발생한 거죠. 보급은 육지보다는 바다가 훨씬 빠르기 때문에 육지 부대에게는 바다를 통한 보급이 필수적이라고 할 수 있습니다. 그런데 보급이 끊겼다니 평양성을 함락한 직후라도 일본군은 당연히 영향을 받고 멈칫할 수밖에 없었습니다. 경상도를 거쳐 함경도 쪽으로는 가토 기요마사가 들어가고 전라도를 거쳐 평안도 쪽으로는 고니시 유키나가가 들어갔는데요, 이때 만약 보급의 문제가 제대로 해결되어 고니시 유키나가가 의주를 공격했더라면 임진왜란의 양상은 지금과는 많이 달라졌을 겁니다. 하지만 결과적으로 일본군은 의주로 나아가지 못했습니다. 멈칫하는 사이 명나라의 군이 들어와 판세가 뒤집히고 말죠.

당시 전쟁은 왕을 잡으면 전쟁이 끝나는 것이었습니다. 당시에는 왕이 곧 국가였기 때문이지요. 그래서 옛날 전쟁은 영토보다도 왕을 목표로 하는 것이 가장 빠른 승리법이었습니다. 그래서 왕이 보이면 곧바로 쫓아갔습니다. 왕이 죽고도 이기는 전쟁은 없었거든요. 왕이 곧 국가이니 영토를 차지하는 것보다 우선순위에 둘 수밖에 없었고 일본도 마찬가지였습니다. 왕을 잡기 위해 의주로 진격할지 말지 머뭇거리는 바람에 조선의 반격 기회가 생겼고, 명나라가 들어올 수 있었던 거죠.

자, 우리는 이제 한산도 대첩이 왜 임진왜란에서 중요한 자리를 차지하고 있는지 알게 되었습니다. 이순신 장군으로 인한 한산도 대첩의 승리가 있었기에 명나라 5만의 군대가 손쉽게 들어올 수 있었습니다. 그 덕분에 조선군의 기세도 회복될 수 있었고, 평양성도 탈환할 수 있었던 것입니다.

조선과 명나라 연합군의 승리를 지켜본 일본군은 더이상 싸움으로는 대적할 수 없다는 사실을 깨닫게 됩니다. 대세를 읽은 일본은 영리하게 목표를 수정합니다. 싸움이 아닌 협상으로 말이죠. 일본은 이후 조선의 8도 가운데 4도를 일본에 이양하라는 받아들이기 어려운 조건을 내세웁니다. 그밖에도 도요토미 히데요시는 '국서를 써 와라'는 등 어이없는 소리를 하지만 조선은 당연히 '안 된다'고 답합니다.

당시 한일 간의 차이는, 전쟁 시에 수도를 바라보는 관점에서도 드러났습니다. 일본군은 임란 개시 후 쉽게 한양을 점령하게 됩니다. 일반적으로 가장 먼저 한양을 점령한 장군은 고니시 유키나가로 알려져 있습니다. 그런데 아마 고니시 유키나가는 황당함을 느꼈을 겁니다. 당시 한양에는 왕이 없었거든요.

앞에서 이야기했듯 일본의 모든 전쟁은 기본적으로 성을 장악하면 끝이 납니다. 보통 일본 성의 영주는 도망가지 않거든요. 영주는 영지를 잃으면 존재의 이유가 사라지니까요. 그러니 일본군의 입장에서 전쟁은 사실 땅따먹기나 다름없습니다. 춘추 전국 시대도 이와 같았습니다. 일본은 당시 봉건제여서, 영주는 자신의 땅만 뺏기면 끝나는 거였습니다. 덕분에 자신의 땅을 지키기 위해 일본의 성 건축술은 크게 발달합니다. 일본성의 해자가 깊고 성 안팎으로 견고함이 느껴지는 것은 바로 그런 이유입니다.

반면 조선의 왕은 성을 두고 도망갈 수 있었습니다. 일본군의 시각에서 보면, "가자, 성만 점령하면 끝이다!" 하고 성에 들어가려는데 다음과 같은 보고를 받는 거죠. "저, 어쩌죠? 한양에 왕이 없어요" 이 말을 들은 일본군은 또 얼마나 맥이 빠질까요. 아마 힘이 쭉 빠진 채 성으로 들어올 겁니다. 성에 있어야 할 왕이 도대체 어디 갔는지 찾으니, "평양으로 도망갔답니다"라는 답이 옵니다. 일본군은 왕을 쫓아 평양으로 갑니다.

평양에 도착했더니 또 이번엔 의주로 도망갔다는 사실을 알게 되죠. 이 정도면 일본군의 넋이 나갈 상황입니다. 일본으로 치면 왕이 삿포로로 도망간 셈이니까요. "어떡하지? 추운 의주까지 가야 하나?" 고민하는 와중에 이번에는 "보급로가 끊길지도 모른다"라는 보고가 올라옵니다. 엎친 데 덮친 격으로 "명나라 5만 명의 군대가 온다는데요?"라는 보고까지 받습니다. 진퇴양란의 상황에 처한 일본군으로서는 전투가 부담스러울 수밖에 없습니다.

앞에서도 한 차례 이야기했지만, 평양성을 점령한 명나라군은 더 이상 내려오지 않았습니다. 벽제관에서 일본군에 패배한 경험이 있는 이여송은 일본군이 너무 무서운 거예요. '쉬운 상대가 아니구나' 라는 것을 깨닫게 된 거죠. 그래서 평양성에 진을 칩니다. 어떻게 보면 아예 주저앉아 머무는 것이나 다름없었죠. 이렇게 조명 연합군의 본진은 평양성이 되어 버립니다.

한편, 일본군은 벽제관 전투에서 이긴 후 한양을 비우고 부산 쪽으로 내려와요. 그래서 일본 본진은 부산에 자리잡게 됩니다. 명나라 본진은 평양에 있고, 일본의 본진은 부산에 있으니 아이러니한 상황입니다. 본진이 이렇게 멀리 떨어져 있는데 무슨 전쟁이 벌어지겠습니까? 그래서 6년 동안 전투가 없었죠. 그동안 농민들은 모내기하며 농사짓고 살았습니다. 그렇다면 누가 세금을 걷어갔을까요? 아마 먼저 받는 사람이 임자였겠죠.

임진왜란 초창기에는 일본군 정예부대가 들어왔기 때문에 약탈이 거의 없었습니다. 공성하면서 성에 쳐들어갈 때 "야, 항복해!" 라고 했는데 "싫어!" 하고 거부하면, 성을 정복하고서 약탈을 합니다. 이것은 어느 군대나 다 마찬가지입니다. 이런 경우를 제외하면 일본군에 대한 약탈은 거의 없었습니다. 명나라도 처음에는 마찬가지였죠. 그런데 전쟁이 길어지고 보급로가 끊기니 약탈이 시작되었습니다. 병사들이 배고픔을 못 이겨 약탈하는 것을 장군이 어떻게 막겠습니까.

여기까지가 바로 벽제관 전투 패전의 의미입니다. 명나라가 들어와서 더 잘 싸웠으면 좋았을 텐데, 벽제관 전투에서 패배함으로써 임진왜란이 장기전으로 돌입하게 된 것입니다.

3
–
승패의 관건은 축성술?
울산성 전투

1) 순천에서 울산까지, 고니시 유키나가와 가토 기요마사

울산성 전투는 아마 아는 사람보다 모르는 사람들이 더 많을 겁니다. 임진왜란이 장기전으로 흐르게 되자 차츰 원정군인 일본군에게 전세는 불리하게 돌아가게 됩니다. 그러자 일본은 순천에서부터 울산까지 23개의 성을 쌓고 버팁니다. 하지만 전세는 점점 더 조명 연합군에게 유리하게 돌아가고 결국 일본군이 지키고 있던 울산성 마저 포위되고 맙니다.

일본군이 농성전을 펼치던 23개의 성 가운데 순천에는 고니시 유키나가, 울산에는 가토 기요마사가 있었습니다. 이 두 사람은 도요토미 히데요시의 최측근으로 서로 라이벌 관계였습니다. 특히 가토 기요마사는 상인 출신에 크리스찬인 고니시 유키나가를 아주 싫어했습니다. 고니시 유키나가와 가토 기요마사 관계를 좀 더 잘

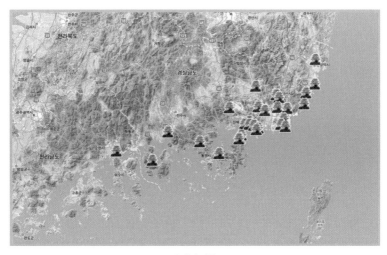
울산성 전투

이해하기 위해서는 당시 일본의 상황을 살펴볼 필요가 있습니다.

당시 일본의 최고 권력자는 도요토미 히데요시였지만 바로 그 앞세대에서는 오다 노부나가가 최고 권력자였습니다. 젊은 시절 도요토미 히데요시는 오다 노부나가의 아래에서 미관말직으로 지내고 있었죠. 도요토미 히데요시는 못생긴 외모를 가졌지만, 머리 회전이 빠르고 수완이 좋다는 평가를 받았습니다. 도요토미 히데요시가 오다 노부나가 부관에 오르며 성공할 수 있었던 바탕에는 다음과 같은 유명한 일화가 있습니다. 추운 겨울, 도요토미 히데요시는 오다 노부나가가 방 안에서 회의를 마치고 나왔을 때 따뜻한 신발을 신을 수 있도록 회의 내내 신발을 가슴에 품고 있었다고 합니다. 어느 상관이 이런 충성심 깊은 부하를 미워할 수 있을까요?

게다가 도요토미 히데요시는 1,000원을 주고 500원짜리 물건을 사오라고 시키면 600원의 거스름돈을 가져왔다고 합니다. 그러면 이때 오다 노부나가는 그 물건을 400원짜리로 생각했겠지요. 그런데 같은 일을 다른 부하에게 똑같이 시켰더니 거스름돈으로 500원만 가지고 오더란 말입니다. 오다 노부나가는 그 부하가 자신을 속이고 100원을 빼돌렸다고 생각할 겁니다. 이런 과정을 통해 오다 노부나가는 도요토미 히데요시를 정직하고 믿을 만한 부하로 여기고 점점 더 신임하게 되었습니다.

도요토미 히데요시가 오다 노부나가로부터 두터운 신임을 받을 무렵 사건이 발생합니다. 오다 노부나가가 부하의 성에 방문한 어느 날, 이 부하가 반란을 일으켜 오다 노부나가를 살해합니다. 그러자 도요토미 히데요시가 제일 먼저 달려와 반란을 제압하고 패권을 장악하죠. 이때 그가 내세운 명분은 '오다 노부나가의 하나뿐인 아들을 내가 지키겠다' 였죠.

도요토미 히데요시가 오다 노부나가의 아들을 지키겠다고 했지만 과연 그 약속을 지켰을까요? 이 다음 답변은 여러분도 충분히 짐작하셨으리라 생각합니다. 도요토미 히데요시는 결국 약속을 지키지 않죠.

1599년, 도요토미 히데요시는 자신이 죽을 날이 얼마 남지 않았다고 느끼게 됩니다. 그런데 생각해보니 자신의 아들 도요토미 히데요리의 나이가 너무 어려서 걱정이 되고 불안한 겁니다. 그래서 그는 100만 석 이상을 가진 다섯 영주를 부릅니다. 여기서 이야기하는 '100만 석'은 일본 영주들의 힘을 가늠하는 중요한 기준입니다. 일본의 영주들에겐 쌀 몇 섬을 생산하는 영지를 가지고 있느냐가 굉장히 중요했습니다. 일본은 100석이 나오는 땅마다 군인을 2명 징발할 수 있었기 때문입니다.

만약 어떤 영주가 자신이 '몇백만 석이 나오는 영지를 가지고 있다'라고 한다면 그것은 단순히 땅이 넓다는 게 아니라 '나는 몇명의 군사를 동원할 수 있는 사람이오'라는 의미입니다. 그러니 도요토미 히데요시가 부른 100만 석 이상을 가진 다섯 명의 영주는 일본에서 최고로 손꼽히는 영주들인 셈이었지요. 참고로 그 다섯 영주 가운데서도 가장 힘이 센 사람은 도쿠가와 이에야스였습니다. 재미있는 건 이때의 도쿠가와 이에야스는 살이 너무 많이 쪄서 말을 못 탈 정도였다고 하죠.

어쨌든 도요토미 히데요시는 다섯 명의 영주들과 더불어 자기 밑의 다섯 관료를 부릅니다. 그리고 자신의 아들에게 충성할 것을 명하며 충성 서약을 시킵니다. 이로써 도요토미 히데요시는 근심을 덜어놓는 듯했습니다. 하지만 도요토미 히데요시가 죽고 나자 일본사에 기록될 또 하나의 사건이 발생합니다.

도요토미 히데요시가 죽기 전 충성 서약을 위해 부른 관료들의 두목 격인 사람은 이시다 미쓰나리(1560~1600, 일본 아즈치·모모야마 시대에 활동한 무장)라는 사람이었습니다. 그런데 이시다 미쓰나리는 도쿠가와 이에야스와 사이가 굉장히 나빴죠. 도요토미 히데요시 사망 후 이시다 미쓰나리는 남은 사람들에게 '합심해서 힘이 제일 센 도쿠가와 이에야스를 물리치자'고 충동질하기 시작합니다. 1600년, 결국 이시다 미쓰나리와 도쿠가와 이에야스 사이에 전쟁이 일어납니다. 이 전쟁이 바로 그 유명한 세키가하라 전투*(1600, 일본 역사에서 도쿠가와 가의 패권이 확립된 전투)입니다. 오사카 성에서 조금 떨어져 있는 언덕에서 일본군 30만 명이 격돌하는 일본 최대 전투가 벌어집니다. 이시다 미쓰나리를 따르는 사람들이 서군이고, 도쿠가와 이에야스를 따르는 사람들이 동군이죠.

사람들은 서군이 이길 것이라고 예상했습니다. 다섯 영주 중에서 세 영주(그 중 하나는 중립을 선언)가 이시다 미쓰나리 편에 가담했으니까요. 누가 보더라도 이시다 미쓰나리가 이끄는 서군의 힘이 더 세 보였습니다. 그러나 이시다 미쓰나리에겐 여러 결점이 있었고, 그 가운데 하나가 바로 도요토미 히데요시의 충신으로 꼽히던 가토 기요마사와 사이가 나쁘다는 것이었습니다. 이 점이 악수로 작용합니다.

이시다 미쓰나리와 대립했던 가토 기요마사는 도쿠가와 이에야

Tip 세키가하라 전투

서기 1600년에 일본 비와 호 언저리의 두 평원과 나고야 사이에 위치한 전략적 요충지 세키가하라에서 벌어진 전투. 일본사에서 가장 규모가 크고 중요한 전투 중 하나로, 이시다 미쓰나리를 중심으로 한 서군과 도쿠가와 이에야스를 중심으로 한 동군 간의 내전이다. 결과적으로 도쿠가와 이에야스가 승리하면서 도요토미 정권이 몰락하였고, 에도에 막부가 수립되는 계기가 되었다.

스 편을 듭니다. 이것은 나중에 서군의 패전 원인 중 하나가 됩니다. 그리고 한편으로 가토 기요마사와 사이가 나빴던 고니시 유키나가는 당연히 이시다 미쓰나리 편에 섭니다. 이렇게 일본의 다이묘들은 두 세력으로 나뉘었고 곧 세키가하라 전투가 벌어집니다. 결과적으로 도쿠가와 이에야스가 이끄는 동군이 승리하면서 막후 정치의 기반이 성립됩니다.

1600년의 이 전쟁으로 이시다 미쓰나리는 죽고 고니시 유키나가도 포로로 잡힙니다. 여기서 흥미로운 사실은, 고니시 유키나가가 가톨릭 신자였다는 것입니다. 알다시피 일본에서는 무사들이 싸움에서 지면 할복자살을 해야 합니다. 그런데 천주교는 자살을 용납하지 않습니다. 그래서 고니시 유키나가는 자살을 거부합니다. 그 이후 고니시 유키나가는 일부 사무라이들에게 할복도 하지 못한 쓸모없는 사람 취급을 받습니다.

전쟁에서도 각각 반대편에서 싸웠던 고니시 유키나가와 가토 기요마사는 그 외의 여러 면에서도 대립했습니다. 가토 기요마사는 전형적인 무장 출신이었고, 고니시 유키나가는 상인 출신이었습니다. 때문에 고니시 유키나가는 항상 열등의식을 가지고 있었습니다. 더구나 도요토미 히데요시는 이 둘을 항상 경쟁시켰죠. 오랫동안 서로 대립하던 두 사람은 1600년 세키가하라 전투에서 각각 다른 운명을 맞이하게 됩니다. 어떻게 보면 도요토미 히데요시를 배신한 셈인 가토 기요마사는 전쟁 후 도쿠가와 이에야스의 편애를 받게 됩니다. 영지를 받고 일본의 최대 전쟁 영웅이 되죠. 사실 이미 가토 기요마사는 당시 사무라이들과 일본인들에게는 전쟁 영웅이었습니다. 하지만 가토 기요마사를 진정한 전쟁 영웅으로 만들어준 전투가 있었으니, 바로 울산성 전투입니다.

2) 조명 연합군의 울산성 공략

울산성 전투는 아주 간단합니다. 순천에 고니시 유키나가, 울산에 가토 기요마사가 있습니다. 둘 중에 누구를 먼저 물리쳐야 할까요? 고니시 유키나가는 온건파고 가토 기요마사는 강경파였어요. 아무래도 강경파인 가토 기요마사가 요주의 인물입니다. 더구나 가토 기요마사는 조선인들의 눈 밖에 날 일을 하나 저지릅니다.

가토 기요마사의 일을 살펴보기 전에 일단 조선의 상황을 먼저 알아봐야 할 것 같습니다. 당시 선조는 임해군과 광해군을 낳은 공빈 김씨가 사망하자 계비인 인목왕후를 맞이하는데, 그 사이에서 낳은 아들이 영창대군입니다. 선조는 늦게 얻은 자식인 영창대군을 예뻐했습니다. 그래서 선조는 임해군과 광해군을 제치고 영창대군에게 보위를 잇게 하려고 세자 책봉을 미루고 있었어요. 이때 서인의 영수였던 정철(1536~1593)이 광해군을 세자로 책봉할 것을 주장했다가 파직당하죠. 이미 정철은 동인의 미움을 받아 서울이 아닌 강원도 관찰사로 재직을 명받습니다. 이때 관동팔경과 해·내·외금강 등 절승지를 유람하며 읊은 작품인 〈관동별곡〉이 탄생하죠.

어쨌든 선조는 광해군을 세자로 책봉하고 분조를 하여 광해군에게 국사권섭(國事權攝)의 권한을 줍니다. 이에 광해군은 7개월 동안 강원, 함경도 등지에서 의병 모집의 분조 활동을 훌륭하게 해냅니다. 때문에 광해군을 향한 선조의 미움은 더 커지게 됩니다.

한편, 임해군이 함경도로 갔을 때 국씨 집안이 반란을 일으킵니다. 반란군에 잡힌 임해군은 가토 기요마사에게 포로로 넘겨지죠. 안그래도 미운 구석이 많던 가토 기요마사는 한 나라의 왕자를 포로로 잡은 일로 조선인에게 더더욱 미움을 받게 됩니다. 가토 기요마사를 주시하던 조정에서는 그가 부산으로 간다는 소식을 접하고 이순신 장군에게 부산을 치라고 명령합니다. 하지만 이순신 장군은 이 명령을 거역하고 서울로 압송 당합니다. 이순신 장군을 대신해 부산에 내려 간 사람은, 수군 통제사가 된 원균이었습니다. 관련 내용은 뒤에 가서 좀 더 다뤄 볼게요.

한편 조명 연합군은 평양성 전투와 똑같이 5만 명으로 가토 기요마사가 있는 울산성을 포위를 합니다. 이때 가토 기요마사 군대는 1만 6,000명이었죠. 치열한 전투를 벌인 끝에 조명 연합군은 1만 6,000명이 죽고 맙니다. 물론 일본군의 피해도 컸습니다. 1만 5,500만 명이 전사하고 단 500명만 살아남죠.

당시 성안에 물이 바닥났을 때 마침 비가 왔다고 해요. 이렇게 하늘이 도왔을 뿐 아니라 때마침 나타난 고니시 유키나가가 이끄

울산성 전투			
	조선·명	일본	전투 양상
지휘관	권율(조선), 양호	가토 기요마사, 고니시 유키나가	· 13일간의 포위공격 · 일본군 8만 명 구원병 도착 · 조명 연합군 퇴각
병력	조선 1만 1,000명 명나라 3만 6,000명	약 1만 6,000명	
피해 규모	1만 6,000명 전사	1만 5,500명 전사 (500명 생존)	

는 8만 지원군으로 울산성 안에 있던 일본군은 농성을 풀고 전쟁에서도 승리하게 됩니다. 일본군의 입장에서는 참 극적인 승리였죠. 살아남은 인원이 500명밖에 되지 않았지만 어쨌든 일본의 승리로 기록이 됩니다. 이 전투는 조명 연합군 5만 명을 이겨낸 자랑스러운 전투로 일본에 알려졌고 가토 기요미사는 전쟁 영웅으로 추앙받으며 일본인이 제일 좋아하는 장수가 되었습니다.

3) 울산성이 난공불락이었던 이유, 축성술

평양성에서 패배했던 일본군이 울산성 전투에서 끝까지 버틸 수 있었던 이유는 바로 일본의 축성술에 있었습니다. 조선의 축성술이 부족했다는 게 아니라, 당시 일본의 축성술이 매우 뛰어나 세계적인 수준이었던 것입니다. 여행으로 일본 오사카성에 가본 분들은 느끼셨을지 모르겠지만, 실제 일본 오사카성에 가보면 정말로 공성하기 힘들겠다는 생각이 들 정도로 견고합니다. 여기서 좀 더 자세히 알아보죠.

울산성에는 몇 가지 특징이 있습니다. 일단 성의 형태가 독특합니다. 가장 바깥의 성벽을 공략해서 이겨 넘어가더라도 그 위에 성이 하나 더 있습니다. 보통 그곳에는 조총부대가 있어요. 이 조총부대는 아래의 성벽에서 공성전을 벌일 때 지원을 합니다. 위의 성벽에 있는 군사들까지 협공을 하는 거죠. 거기에 흙벽으로 된 1차 방어선 또한 있습니다. 그러니 이 성을 공략하려면 흙벽도 뚫어야 하고, 해자도 건너야 하죠. 성을 한차례 점령하고 나서도 위의 성을 또 공략해야 하는 거예요.

또한 성을 위에서 바라본 그림을 보면, 산 위의 둘레를 따라 쌓은 성벽이 보일 겁니다. 직선이 아니라 곡선으로 산을 둘러쌓았어요. 이 모양은 어떤 효과가 있을까요? 직선 모양의 성곽을 생각해보면, 사다리를 통해 적군이 바로 올라올 수 있습니다. 그런데 구불구불한 곡선형의 성곽에 사다리를 걸치면 옆에서 공격을 받게 됩니다. 일본군은 이런 난공불락의 축성술 덕분에 울산성 전투에서 승전하게 됩니다.

울산성 전투 이후 일본으로 돌아간 가토 기요마사는 나고야성, 오사카성과 함께 일본의 3대 성으로 알려진 일본 최대의 성 구마모

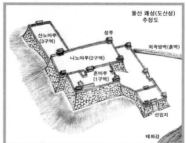

울산왜성 추정도

토성을 쌓습니다. 재미있는 사실은, 울산성 전투에서의 교훈을 똑똑히 기억하고 있던 가토 기요마사는 물 부족으로 인한 고통을 절대 다시 겪고 싶지 않았는지, 구마모토성에 우물을 120개나 팠다고 합니다.

벽제관 전투가 전투 공백기를 가져왔다면 울산성 전투는 일본이 퇴로를 확보할 수 있게 해 주었습니다. 전쟁에서는 들어올 때보다 나갈 때가 훨씬 더 중요합니다. 정유재란 이후 도요토미 히데요시가 사망하자 일본군이 퇴각하기 시작하죠. 물론 퇴각 당시 일본군은 굉장히 불안해 했습니다. 도요토미 히데요시의 사망 소식이 전해지면서 일본 내부의 상황은 이미 혼란 그 자체였을 테니까요. 즉 일본에서 내전이 일어나리라는 예상이 가능했죠. 일본군의 소망은 더 이상의 병력손실 없이 안전하게 퇴각하는 것이었습니다. 왜? 일본에 돌아가면 또 싸워야 하니까요. 일본군 입장에서 울산성 전투는, 일본군이 안전하게 철수할 수 있는 계기를 마련해 준 전투가 된 것이지요.

4
-
원균의 대패, 칠천량 전투

임진왜란에서 마지막으로 소개할 전투는 칠천량 해전(이하 전투로 표기)입니다. 벽제관 전투나 울산성 전투를 모르는 사람이 있을 수 있지만, 칠천량 전투는 '원균이 패전한 전투'라고 하면 알 만한 분은 다 알 겁니다. 사실 원균의 입장에서만 보면 꽤 억울해할 만한 표현입니다. 왜냐하면 칠천량 전투는 누구 한 사람을 탓하기 애매할 만큼 어이가 없는 전투이기 때문입니다. 좀 거칠게 표현하자면, '죽 쒀서 개 줬다'고도 할 수 있지요. 일반적으로 스포츠 경기를 봐도 홈그라운드 이점이 크다고들 하잖아요? 예를 들어 축구 경기에서도 홈팀을 상대로 경기하는 팀은 자신들이 불리하다는 사실을 분명히 인지하고 더 바짝 긴장하고 철저히 준비하죠. 하지만 우리가 살펴볼 칠천량 전투는 이런 '긴장'이나 '준비'와 같은 단어는 전혀 고려되지 않은 무모한 전투였습니다. 임진왜란·정유재란 가운데 조선 수군이 유일하게 패배한 해전인 칠천량 전투를 다음의 내용을 통해 좀 더 자세히 살펴보겠습니다.

칠천량 전투		
	조선	일본
지휘관	원균, 이억기, 배설	도도 다카토라 고니시 유키나가
병력	판옥선 150여 척	전선 1,000여 척
피해 규모	판옥선 140척 침몰 지휘관 포함 조선 수군 만 여명 궤멸 배설, 전선 12척 이끌고 도주	100여 명 사상

그 당시 부산은 일본군의 집결지였습니다. 일본 해군 1,000척과 더불어 일본의 육군까지 다 모여 있었죠. 그야말로 호랑이 굴이라고 할 수 있었습니다. 일본군에 비하면 조선군의 전력은 아담하기 그지 없었습니다. 판옥선 150척밖에 없는 상황이었죠. 일본군과 싸워봤자 질 것이 뻔한 상황이었습니다. 전쟁은 냉철한 상황 판단을 기본으로 하는 전략과 전술 싸움입니다. 당시 상황은 그 아무리 훌륭한 전략가가 최고의 전술을 쓴다고 해도 승리하지 못할 상황이었습니다. 그런데 이 무시무시한 호랑이 소굴에 들어간 이가 있었습니다. 바로 원균(1540~1597, 조선 중기의 무신)이지요. 그렇다면 원

균은 왜 호랑이 소굴에 들어갔을까요? 그 이유에는 이순신 장군이 연관되어 있습니다.

앞에서도 말씀 드렸지만 1597년 선조는 이순신 장군에게 가토 기요마사를 잡아오라는 명령을 내립니다. 하지만 이때 가토 기요마사는 이미 부산에 도착한 뒤였기에 이순신은 아군의 큰 피해를 우려했고, 끝내 항명을 하게 됩니다. 이순신 장군의 숙청을 생각하고 있던 조정은 이를 문제 삼아 이순신 장군을 파면하죠.

임진왜란이 발발한 당시까지만해도 조선 왕실은, 일본은 해군이 강하고 조선은 육군이 강할 것이라는 생각을 가지고 있었습니다. 일본은 섬나라니까요. 그런데 막상 실제로 전투를 해보니 완전히 반대의 결과가 나왔던 것입니다. 그러자 조선 왕실은 조선 수군이 원래 강했기 때문에 잇따른 해전에서 승리할 수 있었다고 생각해 버립니다. 이순신 장군의 탁월함은 배제해 버린 채 말이죠.

또한 이순신을 높은 관직에 천거하기도 했던 유성룡은 막상 선조가 이순신 장군을 징계할 때 반대하지 않았습니다. 어쨌든 그는 선조의 뜻에 반하지는 않았지만, 한편으로는 이순신 장군을 대신할 원균의 존재가 아무래도 불안하다고 생각했던 것 같습니다. 그래서 일단 이순신 장군을 살려두었다가, 원균이 패배한 후 '안 죽이길 잘했다, 네가 다시 잘 해봐라' 라는 의미로 이순신 장군에게 **백의종군**(白衣從軍, 조선의 군대 형벌 중 하나로 삭탈관직 후 흰 옷을 입고 군대에 복무하게 함)을 시킨 것으로 볼 수 있습니다. 참수형에 처할 위기를 맞은 이순신 장군은 얼마나 치욕적이었을까요?

사실, 이순신 장군의 훌륭한 점은 전투를 승리로 이끄는 강인한 외적인 모습뿐만 아니라 나라와 백성을 생각하는 세심한 내면에서도 찾을 수 있습니다. 개인적으로 저는 《난중일기》를 보면 이순신 장군이 정말 대단하다는 생각이 듭니다.

"나는 오늘 떡 두 개와 돼지고기 세 개를 먹었다. 그러나 부하들은 숭늉 반 그릇밖에 못 먹었다. 차마 먹히지 않았으나 몸이 허약하여 어쩔 수 없이 먹었다" 《난중일기》에는 이렇듯 애민정신이 짙게 묻어나는 문장이 자주 등장합니다. 존경하지 않을 수 없지요.

다음의 시는 이순신 장군이 쓴 〈한산섬 달 밝은 밤에〉라는 유명한 시조입니다. 자세히 살펴보면 평범한 시가 아니라는 것을 알 수 있습니다. 여기서 한산섬은 이순신 장군의 본거지입니다. 달이

閑山島月明夜上戍樓 (한산도월명야상수루)
撫大刀深愁時 (무대도심수시)
何處一聲羌笛更添愁 (하처일성강적경첨수)

한산섬 달 밝은 밤에 수루에 홀로 앉아
큰 칼 옆에 차고 이 시름 하던 차에
어디선가 들려오는 일성호가는 나의 슬픔을
차오르게 하네

- 이순신의 시조 〈한산섬 달 밝은 밤에〉

밝은 밤은 일본군이 야습해 올 수 있는 위험한 밤을 의미합니다. 일본군이 아무리 우리나라 지형지물을 연구했어도 우리보다 잘 알 리 없잖아요? 그래서 깜깜한 밤에는 섣불리 야습을 할 수 없습니다. 하지만 달이 밝으면 시야가 넓어지니 일본의 야습 가능성이 커지죠. 그러니 달이 밝은 날은 잠을 이룰 수 없는 거예요. 시에 등장하는 수루(戍樓, 적군의 동정을 살피려고 성 위에 만든 누각)는 일본군의 습격을 감시하는 장소입니다. 또 여기에 등장하는 큰 칼은 언제 나타날지 모르는 일본군의 야습에 대한 이순신 장군의 깊은 시름을 나타냅니다. 일성호가(一聲胡笳, 한 곡조의 피리 소리)는 뿔피리 소리를 나타냅니다. 적이 나타나면 뿔피리 불어서 부대에 알리는 거죠. 내용을 종합해 보면 이 시조에는, 감시 누각에 홀로 앉아 밤을 새우며 근심하는 이순신 장군의 마음이 잘 드러나 있습니다.

임진왜란으로 긴박한 당시의 시점으로 다시 돌아가 보면, 결국 조선 왕실은 항명하는 이순신 장군을 파직하고, 대신 원균을 삼도수군통제사의 자리에 앉힙니다. 당시 원균이 장계를 올려 '나라면 잡을 수 있다' 라는 뜻을 밝혔거든요. 그러나 이순신의 후임이 된 원균은 출전을 하지 않고 버티기에 돌입합니다. 사태의 불리함을 잘 알고 있었기 때문입니다. 이런저런 핑계를 대며 출전하지 않습니다. 대신 조정에 말도 안 되는 장계를 올립니다. '육군 30만 대군을 데리고 쳐들어가면 이길 것 같아요' 라는 비현실적인 내용이었죠. 원균의 행동을 보다 못한 권율이 원균을 불러서 곤장을 쳐서라도 출전을 시키고자 했습니다. 어쨌든 권율은 삼도를 다스리는 도원수였기에, 원균은 자신보다 지위가 높은 권율의 말을 들을 수밖에 없었습니다. 또한 곤장을 맞은 것으로 인해 자존심이 상한 것도 이유가 되었을 겁니다. "내가 그래도 해군 참모총장인데, 곤장을 때리다니! 그래, 소원대로 나가주마!"라고 생각했을 수도 있습니다. 결국 원균은 부산으로 쳐들어갑니다. 약 150척의 판옥선과 거북선, 1만여 명에 달하는 조선 수군이 총동원됐지요. 임진왜란 초창기에 이순신 장군이 만든 판옥선이 56척이었다는 사실과 비교해 보면, 원균의 군 규모가 훨씬 더 컸다는 것을 알 수 있습니다. 하지만 그렇다고 해도 부산진으로의 출정은 달걀로 바위 치기보다도 못한 것이었습니다. 하는 수 없이 명령에 따라 출정한 원균의 수군은 원균의 무능한 지휘를 더해 결국 대패를 하게 됩니다. 특히 지금의 전쟁사학자들이 꼽는 원균의 가장 큰 실책은, 퇴로에 대한 대책이 없었다는 겁니다. 아마 원균은 일본군이 추격전을 벌일 것은 예상하지 못했던 것 같습니다.

도망을 치면 가만히 있을 줄 알았던 일본군은 원균의 생각과 달리 추격해 왔습니다. 원균의 군대는 이미 거제도에서 부산이라는 먼 거리를 이동해 왔기 때문에 피로가 쌓여 있었습니다. 그래서 한산도로 도망을 가다가 칠천량(지금의 거제시 하청면)에 배를 정박하고 휴식을 취합니다. 일본군은 이때를 노려 야습을 감행합니다. 밤을 틈타 습격한 일본군은 해군이 아니었습니다. 육군이었죠. 육지에서 기다렸다가 정박해 있는 배에 몰래 올라타 공격을 한 겁니다.

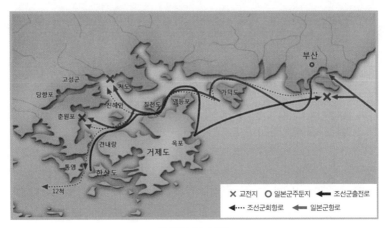

칠천량 전투 상황도

사실 이 전투는 학살에 가까웠습니다. 결과적으로 일본군의 피해는 100여명의 사상에 그친 반면 우리 수군은 만 여명이 사망하고 약 140척의 판옥선이 침몰되고 맙니다. 궤멸이라는 표현이 더 적합할 것 같습니다. 원균은 일본군의 추격을 받아 전사하고, 경상우수사 배설만이 12척의 전선을 이끌고 남해 쪽으로 후퇴하는 데 성공하죠. 이때 남은 12척의 배는 훗날 이순신 장군이 한산도 대첩에 투입됩니다. 이렇게 원균은 전력을 총동원하고도 제대로 된 전투 한 번을 하지 못하고 패하는 처참한 결과를 낳았습니다. 칠천량 전투에서 남은 12척의 판옥선이 훗날 이순신이 명량대첩에서 거둔 드라마 같은 승리의 핵심이 된다는 것이 참 아이러니 합니다.

이후 임진왜란은 막바지에 접어듭니다. 다시 삼도수군통제사에

임명된 이순신 장군은 전열을 정비한 뒤 12척의 배와 함께 1597년 명량대첩에 참전하죠. 혼신의 힘을 쏟아 승리를 이뤄낸 조선 수군은 나라를 위기에 빠뜨렸던 정유재란의 전세를 역전시키는데 커다란 역할을 합니다. 그 이후 도요토미 히데요시가 죽자 일본군은 철수하기 시작했고, 1598년 노량해전을 끝으로 7년 여의 임진왜란이 막을 내립니다.

이번 장에서 임진왜란을 재미있게 조금 색다른 시각에서 살펴봤습니다. 패자의 관점에서 그리고 비주류의 관점에서 본 전쟁은 다양한 생각거리를 제공합니다. 여기서 다룬 임진왜란의 이야기는 극히 일부에 지나지 않습니다. 미처 다루지 못한 내용도 많죠. 이 장에서 알아가는 재미를 느꼈다면, 임진왜란에 숨겨진 다른 이야기를 찾아 나서는 것도 좋을 것 같습니다. 그리고 과거를 반추하면서 동시에 지금의 우리 역사를 생각해보는 겁니다. 이 책에 담긴 각각의 전쟁 이야기가 지금을 돌아보는 계기가 되면 좋을 것 같습니다.

2장

유럽 전역을
뒤흔든
최후의 종교 전쟁

30년 전쟁

1
최초의 국제 전쟁, 30년 전쟁의 서막

1) 자유주의 개념의 완성, 베스트팔렌 조약

30년 전쟁은 1618~1648년까지 독일에서 벌어진 신교와 구교 간의 종교 전쟁입니다. 이 전쟁은 우리가 세계사를 이해할 때 가장 기본이 되는 전쟁이므로 꼭 알아두어야 합니다. 일단 30년 전쟁에 대해 알아보기에 앞서, 이 전쟁을 끝내기 위해 1648년에 체결된 하나의 협약을 먼저 살펴보고 가겠습니다.

이 조약은 독일의 남부 도시인 베스트팔렌 지방에서 이루어진 일종의 평화조약입니다. 특히 신성 로마 제국의 시대를 떠나보내고 주권 국가들의 공동체인 근대 유럽의 정치구조를 탄생시키는 계기가 됩니다. 이것이 바로 본격적인 자유주의 시대의 서막을 연 베스트팔렌 조약(1648)입니다. 베스트팔렌 조약이 체결됨으로써, 유럽인들은 종교를 스스로 결정할 수 있는 종교의 자유를 획득하게 됩니다. 전쟁사를 다루는 책이기 때문에 역사적인 배경을 세세하게 다룰 수는 없지만, 자유주의 개념만큼은 잠깐 짚고 넘어가겠습니다.

우리는 기본적으로 자유주의와 개인주의를 이야기하는데, 르네상스가 시작되면서 개인주의가 등장합니다. 물론 그 전에도 개인주의는 있었죠. 예를 들어 춘추 전국 시대의 학자 양주(楊朱, B.C.395~335)가 주장한 말을 보면, "내 머리카락 한 개를 뽑아서 세상을 구할 수 있다고 해도 나는 구하지 않겠다"고 하거든요. 전형적인 개인주의를 나타내는 말이라고 볼 수 있습니다. 서양에서는 헬레니즘 시대 에피쿠로스학파도 개인주의라고 하는데, 이는 르네상스 시대의 개인주의하고는 좀 다릅니다. 이전의 개인주의는 '그냥 나 혼자 살겠어, 나 건들지 마!'라는 식의 개인주의로 늘 존재했습니다.

그러던 중 르네상스 이후의 근대 유럽에서 진정한 의미의 개인주의가 탄생합니다. 그리고 본격적으로 자리잡게 됩니다. 이때부터 국가나 사회보다 자연권을 가진 존재로서의 개인이 우선된다는 개인주의 기본 개념이 만들어집니다. 이제 개인주의는 단순한 개인의 자유나 쾌락을 의미하는 것만이 아니라 인권 개념을 가지게 됩니다. 그리고 이러한 개인주의를 바탕으로 서양의 근대적 사상들이 기틀을 잡아 나가게 되고, 다시 이것을 뼈대로 한 자유주의의 시대가 열립니다. 또 여기서 그치지 않고, 나중에는 지금의 우리가 알고 있는 근대로 나아갈 수 있는 원동력이 됩니다. 한 줄로 정리해 보면, 르네상스 이후에 개인주의가 등장했고 종교개혁 뒤에 베스트팔렌 조약이 맺어지면서 본격적인 자유주의 시대로 접어듭니다.

베스트팔렌 조약 이후 생겨난 개념이 또 하나 있습니다. 그것은 바로 국가 성립의 3요소입니다. 국가가 성립하려면 기본적으로 영토와 국민, 주권이 있어야 한다는 것입니다. 그 전에는 이런 주권 개념이 없었습니다. 왜 없었을까요? 바로 교황권이 있었기 때문입니다. 당시에는 하나의 봉건영주가 있을 뿐이지, 나라의 주권이라는 개념이 없거든요. 베스트팔렌 조약 이후 주권에 대한 개념이 본격적으로 성립되면서, 주권을 기반으로 한 민족단위의 공동체가 생겨납니다. 그리고 비로소 민족국가가 등장하게 됩니다.

그래서 1648년 베스트팔렌 조약은, 유럽에 본격적인 근대의 시작을 유럽에 알린 중요한 사건으로 평가됩니다. 이후로 유럽에 근대국가가 형성되었을 뿐 아니라 그 덕분에 유럽을 이끄는 자유주의 개념이 완성이 되었으니까요. 다시 말해, 유럽에 새로운 질서를 세웠다고 볼 수 있습니다. 그리고 이 역사적인 조약의 원인이 된 사건이 바로 30년 전쟁입니다. 훗날 사람들은 30년 전쟁을 '최초의 국제전쟁'이라고 이야기하기도 합니다.

2) 30년 전쟁의 배경 : 종교개혁

30년 전쟁은 종교 전쟁입니다. 로마 가톨릭교회를 지지하는 국가들과 신교도를 지지하는 국가들 사이에 벌어진 전쟁이죠. 그러니 전쟁을 이야기하기 전에, 당시 있었던 종교개혁에 대해 살펴볼 필요가 있습니다. 우선 면죄부 발매로 유명해진 로마 교황 레오 10세(Leo X, 1513~1521)의 이야기부터 해 볼까요?

레오 10세는 재위 기간 중 면죄부를 사고팔 수 있도록 승인합니다. 이에 마르틴 루터(Martin Luther, 독일의 종교 개혁가)는 반기를 들죠. 그는 로마 가톨릭의 부패와 타락을 비판하는 내용의 반박문을 게시했고, 이는 종교 개혁 운동의 시발점이 됩니다. 요약하자면 면죄부를 파는 것으로 구교도와 신교도의 갈등이 촉발되고, 이로 인해 30년 전쟁이 발발했다는 것이 일반적으로 알려진 30년 전쟁의 배경입니다. 하지만 우리가 살펴봐야 할 부분은 겉으로 드러난 현상이 아니라 좀 더 안으로 파고 들어가야 알 수 있는, 전쟁의 실질적인 원인입니다.

종교 전쟁의 이면에는 합스부르크 왕가가 이끌었던 신성 로마 제국을 둘러싼 복잡한 이해관계가 숨어있습니다.

30년 전쟁의 원인
· 마르틴 루터의 종교개혁
· 가톨릭과 신교도 간의 전쟁
· 합스부르크 왕가를 둘러싼 국제적 이해관계

그리고 여기서 찾아볼 수 있는 재미있는 부분은, 전통적인 가톨

릭 국가인 프랑스가 마지막에 신교도 편을 들면서 결국 신교도가 전쟁의 승자가 된다는 것입니다. 프랑스의 선택이 승패에 아주 결정적으로 작용한 것이지요. 이 경우만 봐도 30년 전쟁이 단순히 종교 전쟁의 성격만 띠고 있는 것은 아니라는 것을 알 수 있습니다. 실제로 전쟁이 이어질수록 종교적 색채는 엷어집니다. 처음엔 유럽의 종교 구도에서 시작하였으나 뒤로 가면서부터는 합스부르크 가와 프랑스의 싸움이 되었던 거죠. 때문에 실제로 30년 전쟁사에서 짚고 넘어가야 할 부분은 합스부르크 가를 둘러싼 실질적인 국제적 이해관계입니다.

3) 합스부르크 가

합스부르크 가의 영토를 다음의 그림에서 한번 찾아볼까요? 황당하지만 동그라미 친 곳이 모두 합스부르크 가가 다스리는 영토입니다. 오스트리아, 스페인, 헝가리뿐 아니라 현재로 치면 체코, 슬로바키아, 이탈리아, 벨기에, 네덜란드, 룩셈부르크 등도 합스부르크 가의 영토였습니다. 아주 방대한 영토를 갖고 있었죠.

30년 전쟁이 합스부르크 가에서부터 시작되는 이유는, 그들의 방대한 영토 안에서 찾을 수 있습니다. 합스부르크 가는 기본적으로 가톨릭교도인데, 합스부르크 가가 다스리는 지역에 신교도가 등장합니다. 필연적으로 신교도(프로테스탄트(Protestant)라고도 하지만 이 책에서는 신교도로 표기)와 가톨릭교도 간의 첨예한 갈등이 생겨

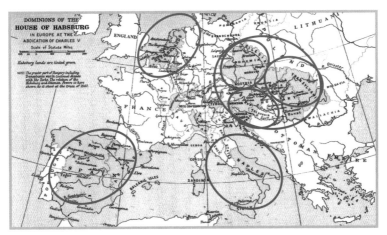

1547년 합스부르크 가의 영토

납니다.

당시 합스부르크 가는 신성 로마 제국의 큰 세력이었으며, 15세기 중반부터는 합스부르크 가가 제위를 독점하다시피 합니다. 하지만 유럽 전체를 통합하는 구심점은 되지 못하죠.

사실 신성 로마 제국은 말로만 제국입니다. 프랑스의 계몽주의를 대표하는 작가로 유명한 볼테르(1694~1778)가 신성 로마 제국을 두고 한 말이 있습니다. '신성하지도 않고, 로마도 아니며, 제국은 더더욱 아니다.' 신성 로마 제국을 조롱하는 말이죠. 실제로 신성 로마 제국은 7개의 작은 부족들이 합의해서 선출한 사람을 왕으로 세우는 시스템이었기 때문에 말하자면 제대로 된 왕도 없고, 중앙 집권화도 하지 못한 국가라고 할 수 있었습니다. 그 가운데 내부에서 가톨릭교도와 신교도들이 충돌한 거죠.

30년 전쟁의 시작	
· 가톨릭 신자 페르디난트 2세 · 합스부르크 왕가에 대한 반란	· 보헤미아 왕 즉위 · 신교도 박해 · 가톨릭 대표자 투척

합스부르크 왕가에서는 보헤미아의 왕이 되는 사람이 합스부르크 전체의 왕이 됩니다. 당시 페르디난트 2세가 보헤미아 왕으로 즉위함과 동시에 자연스럽게 합스부르크 왕가의 왕이 됩니다. 그런데 이 페르디난트 2세는 아주 전통적인 가톨릭 신자였고, 즉위하자마자 신교도들을 박해하기 시작했습니다. 이에 화가 난 신교도들이 가톨릭 대표자들에게 항의하러 찾아갑니다. 그리고 말다툼 끝에 신교도들이 가톨릭 대표자 3명을 들어서 창밖으로 던져버립니다. 4층쯤 되겠죠? 다행히 죽지는 않고 말똥 밭에 떨어집니다. 그래서 말똥을 온통 뒤집어쓰게 되죠. 이 사건 후 30년 전쟁이 본격적으로 시작됩니다.

프라하 투척 사건 장면을 묘사한 판화

2
−
가톨릭군 VS 신교도군
전투의 승리 포인트

　새로 선출된 신성 로마 제국의 황제 페르디난트 2세는 신교도들을 탄압했고, 그로 인해 여러 문제가 발생하기 시작합니다. 보헤미아 왕국의 신교도들은 합스부르크 가에 반대해 프리드리히 5세 폰 팔츠 선제후(Friedrich V, 1596~1632)를 황제로 선출합니다. 선제후는 황제를 선정하는 역할을 했던 선거인단으로, 위계상 신성 로마 제국의 봉건 제후들 가운데 왕 또는 황제 다음으로 높았습니다.

　어쨌든 보헤미아에 새로운 왕이 선출되었습니다. 앞에서 이야기했던 것처럼, 보헤미아의 새로운 왕인 프리드리히 5세는 황제로 불렸습니다. 이로써 보헤미아에는 두 명의 왕과, 황제가 생겼습니다. 이후 어떤 상황이 펼쳐졌을까요? 다음 장에서 신교도와 가톨릭교도의 격렬한 싸움에 대해 이야기해 보죠.

1) 빌라 호라 전투(백산 전투)

신교도와 가톨릭교도가 치열하게 맞부딪치는 가운데 30년 전쟁의 발단이 되는 빌라 호라 전투(1620, 백산전투)가 벌어집니다. 그리고 이때 가톨릭군에 승리를 가져다 준 전쟁 영웅이 등장합니다.

갑옷을 입은 성자 틸리 백작

그림 속 인물은 요한 체르클라에스 폰 틸리 백작(1559~1632)입니다. 그림 속 그는 나이가 꽤나 지긋해 보이죠? 보이는 것만큼이나 실제 나이도 많았습니다. 30년 전쟁에 참전할 당시 이미 60세가 넘었다고 합니다. 당시 평균수명이 마흔 살을 넘지 못했으니 굉장히 장수한 것이었죠. 장수도 장수지만, 틸리 백작은 '갑옷을 입은 성자'라는 별명으로 유명했습니다. 사실 이 사람의 이력을 보면 앞뒤가 좀 안 맞는 별명이긴 합니다. 일단 이 사람은 용병 출신이에요. 네덜란드 독립 전쟁이나 오스만 전쟁에도 참전하는 등 많은 전쟁터를 누비고 다녔습니다. 직책은 부 장군이었지만, 실제로는 각 전투에서 이 사람이 차지하고 있는 역할이 굉장히 컸다고 볼 수 있죠. 틸리 백작의 활약으로 가톨릭군은 30년 전쟁 초반에 벌어진 빌라 호라 전투에서 승리를 거둡니다.

빌라 호라 전투(백산 전투)		
	가톨릭군(신성 로마 제국)	신교도군(보헤미아)
병력	총 병력 : 3만 5,000여 명 보병 : 1만 8,500명 기병 : 6,500명 대포 : 12문	총 병력 : 2만 1,000여 명 보병 : 1만 명 기병 : 1만 1,000명 대포 : 10문
지휘	카렐 부쿼이 틸리 백작 요한 체르클라에스	안할트-베른부르크 공 크리스티안 1세 진드리히 마타야스 트런
결과	가톨릭군의 승(틸리 백작의 활약)	
	전사 및 부상 700명	전사 및 부상 5,000명

보헤미아 왕국의 수도인 프라하 서쪽 교외에 빌라 호라라는 언덕이 있습니다. 여기에서 가톨릭군과 신교도군의 격전이 벌어집니다. 이 전투는 빌라 호라 전투(1620)혹은, 백산전투(白山戰鬪)라고도 불립니다. 두 세력의 전력을 보면 군사 숫자는 거의 비슷합니다.

빌라 호라(백산)전투 현장

사실 이게 이 당시 유럽에서 제일 큰 전투인데, 17세기에 합쳐서 5만 명 싸운 거예요.

잠깐 사잇길로 빠져서 우리 임진왜란 때를 생각해 보면, 당시 우리나라를 쳐들어온 일본군의 숫자는 16만 명입니다. 빌라 호라 전투의 5만은 동양의 전투에 비하면 사실 아담한 규모입니다. 어쨌거나 17세기 유럽에서 제일 큰 전쟁이 벌어집니다. 이 전투의 결과로 한 쪽의 세력은 끝이 납니다.

다음에 나오는 전투 진영의 그림을 보면, 빨간색이 신교도 군단입니다. 신교도들이 절대적으로 유리한 위치에서 싸웁니다. 왜냐하면, 기본적으로 신교도들이 독립을 선언한 것이고 가톨릭교도 군대가 쳐들어 온 상황인거죠. 그러니 신교도들은 방어를 하고, 가톨릭교도들은 공격을 해야 합니다. 기본적으로 누가 더 유리하니

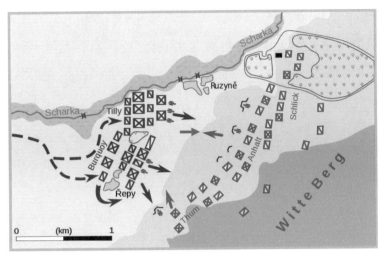

빌라 호라(백산)전투 대치도

까? 방어하는 쪽이 더 유리하죠. 신교도군은 방어를 하기 위해 백산을 뒤로 하고 언덕에 진을 칩니다. 이 당시 전투에서는 언덕에 진을 친다는 것이 굉장히 중요합니다. 총칼을 무기로 들고 뛰면서 싸우거나, 말을 타고 싸우기에는 위에서 아래를 보고 싸우는 편이 유리하죠. 게다가 여기는 요새입니다. 군인들 숫자는 비슷하지만 신교도군이 압도적으로 유리한 지형을 차지하고 있습니다.

그런데 아래쪽에 있는 가톨릭 군대가 정면으로 쳐들어옵니다. 별다른 전법도 없이 말이죠. 이를 본 개신도군은 우습다고 생각했을 겁니다. 자신들이 절대적으로 유리하다고 생각했을테니까요. 그런데 반전이 일어납니다. 그런데 이때 틸리는 다른 장군들과는 달리 전면 돌격전을 주장합니다. 그리고 이 제안이 그의 상관이었

던 막시밀리엄에 의해 채택되어 전면 돌격전을 벌입니다. 지형지
물의 이점만을 믿고 전면전을 생각하지 못하고 있던 신교도군은
크게 당황을 하게 되고 거기에 지휘부의 분열이 더해져 신교도군
은 참패를 당하고 맙니다.

2) 덴마크의 참전 : 루터 전쟁

신교도와 가톨릭이 싸워서 신교도가 졌어요. 그러자 신교도 편
인 덴마크가 참전합니다. 덴마크의 왕인 크리스티안 4세(Christian IV,
1577~1648)가 덴마크군을 끌고와 가톨릭교도군과 격돌한 이 전투가
바로 루터 전투(1626)입니다.

루터 전투 그림

덴마크와 가톨릭은 독일 북서부의 루터 지역에서 대결합니다. 이때도 가톨릭이 2만 5,000명이고 신교도가 2만 1,000명입니다. 전력을 비교해 보면, 가톨릭 군대의 숫자가 조금 더 많지만, 이정도면 비슷하다고 볼 수 있습니다. 이 전투의 결과를 먼저 말씀드리면, 가톨릭군의 승리입니다. 그럼, 어떻게 이겼을지 과정을 살펴보도록 하겠습니다.

루터 전투		
	가톨릭군(신성 로마 제국)	신교도군(덴마크, 노르웨이)
병력	총 병력 : 2만 5,000여 명 보병 : 1만 7,000명 기병 : 8,000명 대포 : 15문	총 병력 : 2만 1,000여 명 - 보병 : 1만 6,000명 기병 : 5,000명 대포 : 30문
지휘	틸리 백작 요한 체르클라에스	크리스티안 4세
결과	가톨릭군의 승	
	사상자 경미	전사 6,000명 포로 2,500명

그림을 보면 두 진영이 강을 사이에 두고 대치하고 있습니다. 주변은 모두 숲입니다. 붉은색의 신교도 군대가 좀 더 높은 위치에 진을 치고 있습니다. 가톨릭군 입장에서는 정면으로는 돌파하기 힘든 상황이었습니다. 그래서 작전을 쓰기로 하죠.

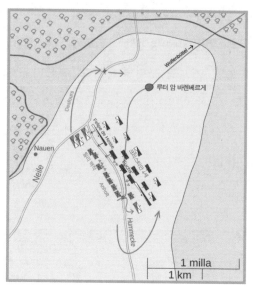

루터 전투 대치도

일단 군사 일부를 양쪽으로 이동시킵니다. 신교도군이 눈치 채지 못하게 말이죠. 그리고 숲으로 들어가 신교도 군대의 양쪽에서 소리를 치게합니다. 신교도 군대는 숲 속에서 소리가 들리니 당황합니다. 숲이라 시야가 확보가 안되니 적군이 얼마나 있는지도 가늠이 되질 않습니다. 하지만 혹시나 있을 공격에 대비해 숲으로 군대를 보냅니다. 신교도 군대는 자연스럽게 둘로 나뉘겠죠. 이 타이밍을 노렸던 가톨릭군은 정면 돌파에 나섭니다. 결과는 어땠을까요? 당연히 전략을 잘 짠 가톨릭군의 승리였습니다.

어쨌든 가톨릭의 전법은 간단해요. 한마디로 언덕 위에 있는 적군을 향해 밑에서 치고 올라가며 정면돌파를 하는 거예요. 상식적으로 자신보다 높은 곳에 위치해 있는 적군을 무찌르기란 쉽지 않습니다. 하지만 희한하게도 가톨릭군은 번번이 승리를 거둡니다. 그 이유는 무엇일까요? 가톨릭교 군대와 신교도의 군대를 좀 더 살펴보면 그 답을 찾을 수 있을 것 같습니다. 다음 내용을 함께 볼까요?

3) 가톨릭과 신교도 군대의 보병 편성

가톨릭과 신교도의 보병부대의 편성을 보면 가톨릭과 신교도 양쪽 모두에 장창병이 있어요. 장창병은 기본적으로 기병을 상대하기에 유리합니다. 그런데 이 당시 장창병의 역할은 기병을 잡는 것보다 총병들을 지키는 역할이 더 중요했습니다. 왜냐하면 이미 전투에 화포가 등장했기 때문에 기병 부대의 중요도가 약간 낮아졌기 때문입니다. 그리고 총병들은 한발 쏘고 다음발을 쏠 때까지 준비하는 시간이 필요했습니다. 장전하는 동안 무방비 상태가 되기 때문에 누군가 그들을 지켜야 했죠. 그래서 이때 창병들이 나서서 총병을 지켜줍니다.

총병이 도입된 초기에는 장창병의 숫자가 많이 필요했습니다. 하지만 숙련도도 높아지고 기술이 늘면서 장전 시간이 짧아졌고, 총병을 지키던 장창병의 숫자도 줄어들었죠. 이 당시에는 장창병 하나에 총병 한 명씩이었다고 보면 될 것 같습니다.

먼저 가톨릭 부대의 총병을 볼까요? 당시 총병은 화승총의 일종

가톨릭군의 보병 편성
- 장창병
- 총병 : 아쿼버스병, 머스킷병
- 스페인식 편성법 따름

신교도군의 보병 편성
- 장창병
- 총병 : 머스킷병 단일편제
- 머스킷의 크기가 스페인의 것보다 작음

인 머스킷(Musket)과 아쿼버스(Arquebus)를 사용했습니다. 머스킷은 스페인에서 처음 나온 총이에요. 아쿼버스는 머스킷보다 총의 길이가 좀 더 짧고 휘어져 있는 것이 특징입니다. 이 두 종류의 총은 길이가 서로 다릅니다. 하나는 짧고 하나는 길죠. 왜 길이가 다른 두 종류의 총을 썼을까요? 그건 두 총이 각각 다른 장단점을 가지고 있기 때문입니다. 긴 총의 장점은 화력이 좋은 대신 장전하는데 오래 걸리는 단점을 가지고 있습니다. 상대적으로 길이가 짧은 아쿼버스는 반대로 장전 시간이 짧아 금방 쏠 수 있죠. 대신 화력이 약했습니다. 그래서 가톨릭 군대는 두 가지 종류의 총을 가진 총병을 운용

했죠. 화력 강한 머스킷병과 빨리 쏠 수 있는 아쿼버스병이죠.

이번에는 신교도 보병 편성을 볼게요. 장창병은 기본으로 있고, 총병은 머스킷병만 있어요. 그런데 신교도군의 머스킷은 스페인의 머스킷보다 길이가 좀 짧아요. 그러니까 아쿼버스보다는 좀 길고 화력은 더 세고, 장전 시간은 머스킷보다는 짧지만 아쿼버스보다는 좀 깁니다.

이렇게 가톨릭군과 신교도군의 보병 편성을 알아 보았습니다. 다음으로는 두 곳이 각자 어떤 진형을 취하고 있는지 살펴보겠습니다.

4) 선형진&테르시오 진형

사실 전쟁에서 무기만큼 중요한 것이 바로 군대의 진형입니다. 실제 전투에서는 각 군대를 어떻게 배치할 것이냐, 어떤 진형으로 맞설 것이냐가 가장 중요하다고 볼 수 있습니다.

다음에 등장하는 그림은 신교도군의 보병 편성과 배치를 나타내고 있습니다. 200명의 장창병은 20명씩 10줄로 서는 거예요. 또한 200명의 머스킷은 20줄씩 10줄로 서서 행진을 합니다. 그러다 전투가 시작되면 전투 대형으로 바뀝니다. 화살표를 잘 보면 어떤 식으로 움직일지 얼추 상상이 됩니다. 전투 대형을 보면 머스킷병 사이에 장창병이 배치되어 있는 걸 볼 수 있습니다.

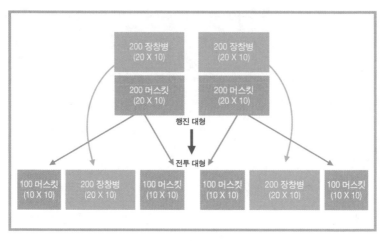

신교도군의 보병 진형 - 선형진

　그렇다면 신교도군의 선형진은 어떤 장점을 가지고 있었을까요? 가톨릭군의 틸리 장군이 이끌었던 부대의 '테르시오 진형'과의 비교를 통해 신교도의 선형진의 장점을 찾아보겠습니다.

　가톨릭 보병 진형을 나타낸 그림을 보면 장창병이 앞쪽에 굉장히 많습니다. 44명의 장창병이 22줄로 쭉 늘어서 있습니다. 그 뒤로는 머스킷병이 있습니다. 이때 머스킷병은 4줄로 서 있는데 왜 그렇게 섰는지 아시나요? 총병은 무기의 특성상 장전의 시간이 필요하다고 말씀드렸습니다. 때문에 한 줄이 먼저 쏘고 뒤로 가고, 그 다음 줄이 쏘고 뒤로 가는 식이었던 겁니다. 그리고 양 옆으로 장전 시간이 짧은 아퀴버스가 17명씩 26줄로 서 있습니다.
　이렇게 두 진형이 서로 다릅니다. 신교도 진형은 양 옆으로 넓

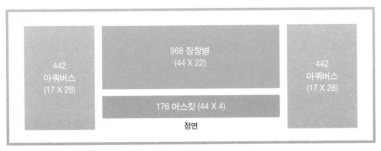

가톨릭군의 보병 진형 - 테르시오 진형

게 퍼져 있는 반면 가톨릭군의 진형은 길게 늘어서지 않고 두텁습니다. 두 진형의 행을 살펴보면, 신교도군은 10행이지만 가톨릭군은 총 26행으로 서있습니다.

자, 여러분은 두 진형을 비교하면서 선형진의 장점을 찾으셨나요? 선형진은 테르시오 진형에 비해 양 옆으로 길게 선다고 했습니다. 여기서 이순신 장군이 떠오르지 않나요? 이순신 장군의 필승 전략 중에는 학익진이라는 진법이 있습니다. 반원의 형태를 가지고 있는 진법이지요. 군대를 넓게 펼쳐서 배치하면 화포를 집중시킬 수 있습니다. 선형진의 장점도 마찬가지입니다. 길게 서서 공격함으로써 적에게 화포를 집중할 수 있죠.

전투가 벌어지면 신교도군은 언덕 위에서 넓게 진을 치고, 가톨릭군은 언덕 아래서 두터운 모양의 진을 치고 있죠. 이때, 신교도군은 선형진의 장점에 따라 가톨릭군에게 집중 포화하여 손쉽게 승리를 가져갈 수 있어야 합니다. 정말 그럴까요?

잔인하게도 현실은 예상과 다릅니다. 아래쪽 지형에 있어 불리할 것으로 예상되던 가톨릭군이 위로 치고 들어와 신교도군을 박살냅니다. 이유가 뭘까요?

앞에서 우리가 살펴보지 않은 것이 하나 있었습니다. 바로 선형진의 단점이죠. 예상한 분도 계셨을 겁니다. 선형진으로 서면 군사들은 얇고 길게 설 수밖에 없습니다. 즉 쉽게 뚫릴 수 있고, 한번 뚫리면 아주 치명적이지요. 그렇다면 틸리 백작의 테르시오 진형에는 어떤 승리 포인트가 있었던 것일까요?

두 진영이 마주보고 있는 전투 상황을 상상해 보겠습니다. 신교도군의 선형진을 보면 강력한 화력을 가진 머스킷병이 10줄로 늘어서 있습니다. 가톨릭군의 테르시오 진형 양쪽에는 아쿼버스가 26줄로 서있습니다. 머스킷병이 10줄로 늘어 선 것은 장전할 시간을 벌기 위함이라고 했습니다. 그렇다면 같은 총병인 아쿼버스는 왜 26줄로 서 있는 것일까요? 언뜻 생각하면 비효율적으로 보입니다. 신교도군의 머스킷병은 1번이 총을 쏘고 다음 자기 차례가 될 때까지, 그러니까 10번이 총을 쏠 때까지 공격하지 못하고 다음 총알을 장전하며 기다립니다. 그런데 26줄은 두 배 이상이잖아요?

이상하다고 생각되지만 사실은 다 이유가 있습니다. 예를 들어 볼게요. 복싱 경기를 한다 치면, 신교도군은 아웃복서입니다. 팔도 길고 리치도 좋아요. 가톨릭군은 인파이터복서입니다. 두툼한 몸집에 강력한 펀치력을 가지고 있죠. 이때 인파이터에게 필요한 건 속도입니다. 상대에게 묵직한 한방을 날리려면 일단 가까이 붙어야 하니까요.

다시 말하자면, 총병이 다음 총알을 쏘기 위해 장전을 할 때에는 진격하지 못합니다. 10줄의 머스킷병보다 26줄의 아퀴버스병이 더 빠르게 진격할 수 있는 이유는 여기에 있습니다. 그래서 아퀴버스병이 있는 가톨릭군은 돌격전이 가능합니다.

앞에 루터 전투로 다시 돌아가보면, 신교도군들은 언덕 아래에서 가톨릭군이 돌격전을 해오리라고는 전혀 상상하지 못합니다. 그런데 갑자기 총을 쏘면서 총병들이 정면으로 돌파해 옵니다. 처음에는 자살행동이라고 생각되었는데 차츰 돌격 속도가 빨라집니다. '어라 뭔가 이상한데'하는 사이 바로 코앞까지 가톨릭군대가 다가와 있는거죠. 가까이 붙자 이번에는 머스킷 4열이 총을 쏘죠. 화력이 엄청 강해요. 머스킷이 뒤로 가고 뭐가 나와요? 장창병이 나와요. 22줄이나 되죠. 높은 지형을 차지하고, 선형진을 펼쳐 쉽게 승리를 거머쥘 수 있을 것 같았던 신교도군은 그렇게 당하고 맙니다. 루터 전쟁의 승리는 가톨릭군에게로 돌아갑니다.

30년 전쟁의 초반 가톨릭군은 이런 식의 전법으로 상대를 무찔러 나갔습니다.

3

–

스웨덴, 프랑스의 참전이
30년 전쟁에 주는 영향

　　30년 전쟁은 유럽 전쟁사에 있었던 전쟁들 중 그리 긴 전쟁은 아니었습니다. 거의 200년에 걸쳐 일어난 십자군 전쟁이나, 116년 간 치러진 백년전쟁도 있으니까요. 그래도 이 전쟁이 역사상 치열한 전쟁으로 기억되는 이유는 거의 쉬지 않고 전쟁이 치러졌기 때문일 겁니다. 또한 덴마크, 스웨덴, 프랑스, 네덜란드, 오스만제국 등 동원된 나라와 병력의 규모만 봐도 압도적입니다. 그렇다면 이 전쟁의 승리는 누구에게 돌아갑니까? 신교도가 승리합니다. 우리가 앞서 살펴본 몇몇 전투들을 보더라도 신교도군은 가톨릭군에게 패하는 경우가 더 많았습니다. 그런데 어떻게 마지막에 승리를 거머쥘 수 있었을까요? 그 전환점이 되는 브라이텐펠트 전투(1631)를 이제부터 살펴보도록 하겠습니다.

1) 스웨덴의 참전 – 브라이텐펠트 전투

우리는 흔히 북부 유럽의 나라의 싸움 실력을 낮게 보는 경향이 있는데, 알고 보면 싸움을 아주 잘합니다. 현대의 북유럽은 복지 선진국으로 알려져 있으니까 어딘가 모르게 유순한 느낌이 들잖아요? 하지만 그들의 조상은 바이킹입니다. 싸움을 못할 리가 없죠. 비유를 하자면 세계의 변방에 있는 무림의 절대고수 같은 느낌인 겁니다. 어쨌든 브라이텐펠트 전쟁의 핵심 인물이라고 할 수 있는 인물이 등장합니다. 바로 개혁군주 구스타프 2세 아돌프입니다.

브라이텐펠트에서 승리한 구스타프 아돌프

신교도군이 가톨릭 연합군에게 연패를 이어가고 있을 때 스웨덴이 전쟁에 참여합니다. 1631년 독일의 브라이텐펠트에서 틸리 장군이 이끄는 가톨릭군과 스웨덴 왕인 구스타프 아돌프(Gustavus II,

1594~1632)가 이끄는 신교도군이 맞붙습니다. 이 구스타프 아돌프는 '사자왕'이라는 별명으로 불리며 현재에도 스웨덴 국민들이 가장 좋아하는 전쟁영웅입니다.

명성이 자자한 구스타프 아돌프가 등장했지만 그동안 신교도군은 가톨릭군에 맞서 제대로 된 승리를 얻지 못하고 있었습니다. 하지만 구스타프 아돌프는 새로운 전략으로 상황을 반전시키고 승리를 이끌어냈습니다. 과연 어떤 전략이었을까요? 핵심은 전투 대형의 변화였습니다. 새로운 전투 대형으로 진을 펼치는데 왼쪽에 작센군, 오른쪽에 스웨덴군을 두었고 전방에 포병대를 배치했습니다. 그리고 뒤에 T자 형태로 대형을 이룬 보병대를 두고 양 옆을 기병대가 지키도록 했죠.

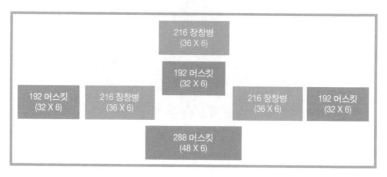

스웨덴의 선형진

이때 틸리 장군이 이끄는 가톨릭교도군은 어떻게 대응할까요? 가운데로 돌진할까요, 아니면 옆으로 돌진할까요? 예상으로는 측

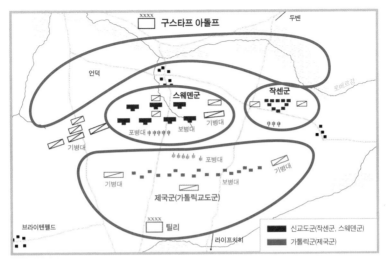

브라이텐펠트 전투 대치도

면 공격을 할 것 같습니다. 그렇게 되면 신교도군 진형의 옆이 무너지겠죠? 그러니까 구스타프 아돌프는 이것을 다 예상하고 뒤에 머스킷 부대를 배치한 거예요. 가톨릭 군대가 돌파하고 들어오는 쪽으로 이동해서 도와줄 수 있게 한 거죠. 그리고 무엇보다 스웨덴 군에는 드라군(용기병)이 있었습니다. 드라군은 질주하는 말 위에서 머스킷을 쏠 수 있는 병사로, 마치 날면서 불을 뿜는 용과 같다고 드라군이라는 이름이 붙은 새로운 병종이었죠. 스웨덴군 진영에서 번개처럼 달려 나간 드라군은 아군을 공격하려는 가톨릭교도군의 옆면을 습격했습니다. 이게 스웨덴의 방식이었어요.

이 전투의 양쪽 전력을 다시 한 번 살펴보면, 가톨릭 군대 3만 5,000명이고 신교도는 4만 2,000명입니다. 이때 신교도군의 보병

브라이텐펠트 전투		
	가톨릭군(신성 로마 제국)	신교도군(스웨덴, 작센 연합군)
병력	총 병력 : 3만 5,000여 명 보병 : 2만 3,000명 기병 : 1만 2,000명 대포 : 34문	총 병력 : 4만 2,000여 명 보병 : 2만 9,000명 기병 : 1만 3,000명 대포 : 100문 이상
지휘	요한 체르클라에스 폰 틸리	구스타브 2세 요한 게오르크 1세
결과	전사자 7,600명 부상자 1만 2,000여 명 포로 6,000명	사상자 5,000여 명(추정)

2만 9천이고 기병이 1만 3천인데, 대포의 숫자는 상대보다 많습니다. 아시겠지만, 이 당시 전투에서는 대포의 숫자가 굉장히 중요했습니다. 전력 비교를 해 보면 신교도군의 숫자가 많아 보입니다. 하지만 신교도군의 뒤쪽이 언덕인데다가, 스웨덴군과 비교했을 때 약간 부족한 작센 군대가 한쪽 측면을 맡고 있었습니다. 가톨릭교도군은 당연히 작센 군대쪽으로 공격했고 돌파에 성공합니다. 스웨덴 군대는 새로운 전법을 사용하는데 반면 작센 군대는 별 다른 전법이 없었으니 당연한 결과이기도 합니다.

그런데 여기서 재미있는 상황이 펼쳐집니다. 작센 군대가 도망을 치면서 스웨덴 보급품을 약탈해서 도망가요. 자기네 편 보급품인데 말이죠. 정말 어이없는 사람들이죠? 그러자 가톨릭 쪽에서는 승리를 확신합니다. 끝났다고 본 거예요.

하지만 뒤에 있던 스웨덴 예비 군대가 딱 막은 거예요. 그러고 나서 선형진이 펼쳐지죠. 스웨덴이 선형진을 펼치면 넓죠? 화력을 집중시키니까 가톨릭교도군은 속수무책으로 당할 수밖에 없는 겁니다. 그래서 가톨릭교도군은 궤멸당합니다. 이때 사용된 스웨덴의 선형진은 훗날 나폴레옹이 자신의 전법에 도입해 활용하게 됩니다.

스웨덴군의 3열 일제 사격 모습

구스타프 아돌프의 선형진과 스웨덴군의 강력한 화력이 전투의 승리를 이끌었지만, 여기 승리의 요인이 하나 더 있었습니다. 예를 들어, 우리나라 남자들이 군대에 가면 총을 갖고 뭘 배울까요? 서서 쏴, 앉아서 쏴, 쪼그려 쏴를 배우죠. 스웨덴군의 화력이 강력한 이유도 이와 비슷합니다. 엎드려서 쏘고 가운데는 앉아서 쏘고 뒷줄은 서서 쏘죠. 이렇게 3열씩 일제 사격하니까 화력이 강력한 거죠.

하지만 개인화기가 아무리 강력하다고 해도 대포만큼 강력하지
는 않을 겁니다. 스웨덴군의 강력한 힘의 원천은 대포에 있었습니다.
왼쪽에 있는 것이 기존 대포입니다. 크고 무거우니까 화력은 강하
지만 이동하기가 어렵습니다. 하지만 사실 대포의 크기보다 중요
한 것은 어떻게 활용하는가가 아닐까 싶습니다.

　스웨덴 대포
· 4파운드 소형포
· 상대적으로 가벼워 이동이 쉬움
· 병사 3명이 운반

· 크고 무거운 대포
· 이동이 어려움

　　이제, 30년 전쟁에 참전한 스웨덴군의 강력한 화력에 대해 좀
더 이야기해 봅시다. 한층 업그레이드된 소총병들도 신교도군의
승리에 한 몫을 했지만, 실제로 큰 위력을 발휘한 것은 스웨덴군이
가져온 소형대포였습니다. 이 대포는 구스타프 아돌프의 무기체계
개혁의 대표적인 사례 중 하나였습니다. 당시의 다른 대포에 비해

무게가 약 1/4정도밖에 안 되어서 3명의 병사만으로도 운반이 가능했다고 합니다. 또한 이 소형대포는 발사속도와 기동성 면에서 뛰어나 스웨덴군의 선형진 안에서 보병을 활용한 유연한 공격이 가능했습니다.

실제로 신교도군대의 작센 군대가 모두 뿔뿔이 도망가고 가톨릭군이 공격해 들어왔을 때, 이 소형대포가 큰 역할을 합니다. 머스킷 병만 믿고 있던 가톨릭군은 완전 낭패였겠죠. 결국 화력에 밀린 가톨릭 군대는 3만 5,000명 중에서 2만 명 가까이 사망합니다. 사상자를 모두 합치면 가톨릭의 주력부대가 여기서 박살이 난 것이나 다름없었습니다. 이런 상황을 보면, 역시 전쟁의 승패를 좌우하는데 무기의 역할이 절반 이상은 차지하고 있는 것 같습니다.

결과적으로 신교도군은 무기와 전략으로 전투에서 승리하며 전쟁의 흐름을 바꾸어 놓았습니다. 이제, 전쟁의 흐름이 신교도군대 쪽으로 완전히 넘어온 것입니다.

2) 프랑스의 참전

앞선 전투로 신교도군이 우위를 점하게 되자 신성로마제국의 이름은 점차 그 빛을 잃게 됩니다. 앞서 말한대로, 정말 신성하지도 않고 로마답지도 않고 제국도 아니게 된 거죠. 이때 신성 로마 제국을 대체할 강국이 떠오르죠. 바로 프랑스입니다. 프랑스는 가톨릭 국가임에도 불구하고 신교도 편에 서서 전쟁에 참전합니다.

프랑스의 참전
· 합스부르크 왕조 견제
· 프랑스의 참전으로 신교도군 유리
· 스페인에 대한 네덜란드 승리
· 브라이텐펠트에서 다시 승리

　여기서 등장하는 유명한 인물이 한 명 있습니다. 프랑스의 정치가이자 로마 가톨릭의 추기경 그리고 루이 13세의 재상을 맡았던 리슐리외 경(1585~1642)입니다. 일반적으로 〈삼총사〉의 악역으로 출연한 것으로 유명합니다. 그러나 그는 실제로는 강단있는 외교의 달인이었습니다. 그래서 전쟁 상황을 지켜보다가 신교도 쪽으로 대세가 기울자, 신교도군의 편을 든 것이죠. 가톨릭 국가인 프랑스가 신교도 편을 들었으니, 힘의 균형이 어떻게 될까요? 당연히 신교도군 쪽으로 힘이 더욱 쏠리게 됩니다.

　그렇게 되면 전후에 외교협상에서 가장 유리해지는 사람이 누가 되겠습니까? 바로 프랑스가 되는 거죠. 실제로 프랑스는 이를 기반으로, 유럽의 최강국이 되는 계기를 스스로 만들어냅니다. 또한 합스부르크 왕조 역시 완전히 견제할 수 있게 됩니다.

　다시 30년 전쟁의 흐름으로 돌아와보면, 프랑스의 참전으로 신

리슐리외 경

교도군은 기세등등해집니다. 이때 입장이 아주 난처해진 나라가
있었으니, 바로 스페인이었습니다. 스페인은 당시 유럽의 절대강
국이자 합스부르크 왕가였습니다. 그리고 스페인의 식민지가 네덜
란드였거든요. 그런데 아뿔싸, 신교도의 편이었던 네덜란드는 스
페인을 상대로 독립전쟁에 돌입합니다.

　이후 30년 전쟁의 흐름은 급격히 신교도군 쪽으로 흐르고, 브라
이텐펠트 전투에서 스웨덴군과 맞붙은 가톨릭군은 패배하게 됩니
다. 이후 가톨릭군은 프라이부르크 전투(1644), 얀카우 전투(1645) 등
에서 패배하고, 베스트팔렌 조약(1648)이 이루어지면서 전쟁이 마무
리가 됩니다. 이로써 드디어 유럽에 자유주의와 민주국가의 등장
이 코앞으로 다가오게 되었습니다.

3장

- - - - - - - - -

청나라 근대화의
계기가 된

아편전쟁

1

아편전쟁의 시작점

　전쟁사 중에는 흥미로운 이야기를 가지고 있는 전쟁도 많지만, 어처구니 없는 이야기를 담고 있는 전쟁도 많습니다. 그 대표적인 전쟁이 바로 아편전쟁과 청일전쟁입니다. 20세기에 들어오기 전, 중국이 겪어야 했던 두 번의 전쟁이죠. 과거의 중국은 세계의 최강국이었지만 19세기에 이 두 번의 전쟁을 통해 세계의 변두리이자 반식민지로 전락하게 됩니다.

　우선 아편전쟁부터 살펴보겠습니다. 1793년 건륭제는 청나라(이후 문맥에 따라 중국과 섞어 표기)의 문호를 서구유럽에 열어줍니다. 무역을 할 수 있게 해준 것입니다. 문호 개방 초기만 해도 '문호는 열어주겠지만 우리들은 그대들의 물건이 필요하지는 않다'고 했죠. 틀린 이야기는 아니었습니다. 베푸는 차원에서 '조공무역이 아닌 차원으로만 해줘도 고맙게 생각하라'는 그런 것이었습니다.

청나라 건륭제

　중국이 문호를 개방한 이후 영국과 교역을 하기 시작합니다. 이 때 영국은 중국의 은(銀)을 가지고 오고 싶어합니다. 그런데 그게 쉽지가 않았죠. 당시 청나라는 은본위제(銀本位制, 일정량의 은을 화폐 단위로 하는 본위 화폐 제도)였기 때문에 은의 반출을 막고 있었거든요. 하지만 중국에는 그것 말고도 탐나는 교역품들이 많았습니다. 중국의 도자기, 비단, 차 등은 서양에서 인기있는 것들이었죠. 그래서 영국은 자신들의 교역 품목으로 모직물을 자신있게 내놓습니다. 서양 다른 나라들에서도 영국의 모직물은 으뜸으로 쳤으니까요.

　실제로 영국에 가면 양들이 정말 많아요. 당시 영국은 개방경지 · 공유지 · 황무지에 울타리를 두르고 사유지를 주장하는 엔클

예고된 무역 불균형

로저운동(enclosure movement)의 과정이 있었기 때문에 양을 많이 키 웠습니다. 양이 많으니 당연히 모직물도 많이 생산이 됐죠. 또한 질 도 좋아서 영국은 이 수출품에 상당한 자신감을 가지고 있었죠. 그 렇게 '우리 모직물은 세계에서 최고야, 누가 이걸 당해, 어떻게 안 입을 수 있겠어' 라면서 중국과의 교역품으로 자신만만하게 내놓았 는데, 정작 중국에서는 모직물이 전혀 팔리지 않았습니다. 그도 그 럴 것이 중국엔 일찍이 면화산업이 발달하여 이미 사람들이 면직물 을 입고 있었고 특히 여름에는 모시와 삼베옷을 입었습니다. 물론 상류층은 비단옷을 입었고요. 겨울에는 주로 가죽옷을 입으니 모직이 필요가 없었던 거죠.

영국의 입장에서는 이 상황이 당황스러울 수밖에 없었습니다. 많은 나라에서 인정받는 수출품목도 통하지 않고 그렇다고 다른 물건에 중국이 흥미를 보이는 것도 아니었기 때문입니다. 반면, 중국의 수출품들은 서양에서 대히트를 칩니다. 도자기는 말할 것도 없고 중국의 차는 인기가 많아서 누구나 일상적으로 마시게 되죠. 사치품에서 필수품이 되어버린 거예요.

무역 불균형의 심화

- 영국의 대중국 수출품 : 면화, 시계, 보석, 모직물 등
- 중국의 대영국 수출품 : 도자기, 비단, 차 등
- 영국, 모직물 수출 실패
  - 중국의 중하류층 의복은 면화, 베 사용 / 상류층 의복은 비단 사용
  - 계절 별 삼베와 모시옷(여름), 가죽옷(겨울)
- 영국에 중국 교역품 인기 상승
  - 차문화(tea time) 발달
  - 사치품에서 필수품으로 변화

영국의 차문화가 발달하면서 영국은 점차 중국과의 무역에서 손해를 보게 됩니다. 중국의 은을 가져오려고 했던 계획은 물거품이 되고, 오히려 중국의 교역품을 수입하면서 가지고 있던 은을 내어주게 됩니다. 마침내 영국 내 은이 부족해지죠.

2
영국의 검은 속내, 아편을 이용한 삼각무역

영국은 중국과의 무역 적자를 해결할 방안으로 삼각 무역을 생각해냅니다. 인도를 중국과의 무역에 끌어들이는 겁니다. 영국은 인도의 아편을 중국으로 밀수출합니다. 아편을 밀수출함으로써 영국은 중국의 은을 챙길 수 있게 됩니다.

이렇게 밀수출된 아편은 중국 내에서 그 수요가 폭발적으로 증가합니다. 이 사실을 알게 된 중국은 크게 반발하죠. 이때 임칙서(1785~1850)라는 인물이 등장합니다. 임칙서는 중국의 정치가로, 영국에 의한 아편 밀수를 단속하는 일을 담당합니다. 하지만 아편은 계속 중국인들 사이에 퍼져나가 더 많은 아편 중독자를 만들어냈습니다. 동시에 아편의 수요만큼 중국의 은도 자꾸 빠져나갔죠.

아편문제는 중국 내 심각한 사회 문제로 떠오릅니다. 그런데 왜 유독 중국 사람들이 아편에 약했을까요? 다른 나라보다 중국에 아

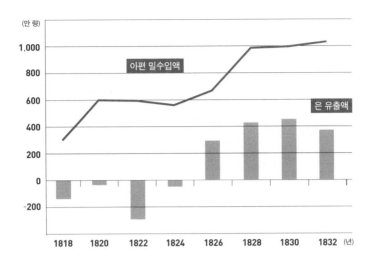

아편의 밀수입액 대비 은 유출액 그래프

편 중독 문제가 심각해진 이유는 무엇이었을까요? 당시 중국의 상황을 살펴보면 그 답을 좀 더 쉽게 찾을 수 있을 것 같습니다.

첫째 이 당시 중국에서는 담배가 금지됩니다. 담배를 대신할 대체제로 아편이 사용된 거예요. 두 번째 요인은 중국 내 빈부격차입니다. 당시 중국은 빈부격차가 극도로 벌어져 다양한 문제가 야기됐습니다. 육체노동에 시달렸던 중국의 하층민들 사이에서 도박과 아편이 널리 퍼지게 된 건 자연스러운 수순이었죠. 그런데 희한한 것은 사회의 상층에 있는 사람들도 아편을 했다는 것입니다. 아편의 중독성이 그만큼 셌다는 것이겠지요.

결국 중국 정부는 1839년 임칙서를 내세워 강력한 아편 단속 정

아편에 중독된 중국인들

책을 펼칩니다. 아편을 몰수해서 폐기하거나 아편상들을 쫓아냈죠. 광저우의 동인도 회사를 습격해서 아편 2만 상자를 폐기하고 아편무역을 금지하죠.

여기서 재미있는 건 영국의 반응입니다. 영국은 중국의 아편 단속에 반발하며 아편 전쟁을 일으킵니다. 이때 상황을 좀 더 면밀히 살펴보면, 영국 내에서도 전쟁 반대와 찬성파로 입장이 갈렸다고 합니다. 적어도 한 쪽은 양심의 무게에 대해 고려했다는 것을 알 수 있네요.

양쪽의 입장을 살펴보면, 우선 영국군 총사령관과 총리를 지낸 아서 웰즐리(1769~1852)는 전쟁 찬성파로 이런 말을 했습니다. '자유무역 시대에 어떻게 무역을 안 해, 영국에 대한 이런 모욕은 일찍이 없었다'고 말이죠. 반면, 총리를 역임한 윌리엄 글래드스턴

(1809~1898)은 '영국이 이렇게 부도덕하고 명예롭지 못한 적이 없었다' 고 하죠. 이렇듯 두 사람의 의견이 충돌하고, 의회의 논의를 통해 결국 아편 전쟁의 찬성을 주장하던 아서 웰즐리의 의견이 간발의 차로 받아들여집니다. 1840년 아편전쟁의 서막이 열리게 된 것이죠.

양심의 무게

영국에 대한 이런 모욕은 없었다!

영국이 이렇게 부도덕하고
명예롭지 못한 적이 없었다!

3
–
싱겁게 끝맺은 아편전쟁의 전말

영국과 중국(이하 청나라로 표기) 사이의 1차 아편전쟁은 1841년에 시작되어 1842년 영국의 승리로 끝납니다. 사실 이 전쟁은 전쟁이라고 표현하기 애매할 정도로 싱겁게 끝이 납니다.

또한 아편전쟁에 따른 양국에 대한 공식적인 피해 집계는 정확히 알려지지 않았습니다. 그러나 영국이 거의 피해를 입지 않고 승리를 가져갔다는 것만큼은 사실이죠. 아편전쟁의 이 같은 결과는 두 나라 모두 예상하지 못한 결과였습니다. 영국도 자신들이 이렇게 손쉽게 이길 것이라고 생각하지 못했던 겁니다.

아편전쟁 당시 자료를 보면, 청나라에 대해 공식적으로 남은 사진이 거의 없기 때문에 그림으로 보겠습니다. 왼쪽은 당시 영국의 배입니다. 보다시피 대포가 실려 있는 전함이죠. 반면, 오른쪽의

아편 전쟁 시 영국군의 함선(왼쪽)과 청나라군 함선(오른쪽)그림

청나라 배는 영국 전함에 상대도 안될 것 같은 정크선입니다. 기본적으로 전력 차이가 어마어마하게 났던 거죠. 근대화 무기로 무장한 영국군의 힘이 압도적이었습니다.

그런데 재미있는 건, 이렇게 서로의 전력차이가 크다는 사실을 당사자들끼리는 전혀 몰랐다는 겁니다. 왜 몰랐을까요?

그건 약간의 오해에서 비롯된 것으로 보입니다. 당시 문호 개방으로 청나라의 문물을 접한 서양 사람들은 눈이 휘둥그레질 정도로 놀랐던 겁니다. 물론 객관적으로는 서양 문물이 더 앞서 있었지만, 청나라가 가진 몇몇의 것들은 서양에서도 찾아보기 힘든 진귀한 것들이었으니까요. 필수품이나 사치품의 수준이 청나라가 오히려 더 앞서 있으니 전투력도 대강 비슷한 수준이겠구나라고 예상한 거죠.

아편전쟁에 사용되었던 두 나라의 대포를 살펴볼까요? 다음의 사진에서 어떤 쪽이 서양 대포일까요?

서양과 동양의 대포 비교

정답은 왼쪽입니다. 당시 영국의 대포는 주로 배에서 쏘는 이동식이었고, 청나라는 주로 방어용인 고정식 대포였습니다. 성능을 비교해 보면, 영국 대포의 사정거리가 딱 두 배가 더 깁니다. 다시 말해, 청나라의 대포는 고정되어 있는 데다 사정거리도 짧았다는 거죠. 이렇듯 대포마저도 영국에 밀립니다. 살펴보면 살펴볼수록 진짜 어떻게 청나라군이 영국군을 상대로 대적할 수 있었는지 신기할 지경입니다.

그렇다면 실제 전쟁 모습이 어땠을지 한 번 상상해 볼까요? 청나라는 방금 본 고정식 대포로 성을 지켰을 겁니다. 인근에 영국의 적함이 나타나면 성 안에서 대포를 쏘겠죠. 하지만 사정거리가 짧으니 적함에 닿지 못하고 바다에 떨어집니다. 반면 영국은 배 위에서 사정거리가 보다 긴 대포로 청나라 성 안으로 포탄을 떨어뜨립니다. 성벽 사이에 숨어있는 병사들이나 대포를 겨냥한 것은 아닙니다. 그저 성벽을 향해서 쏘는 거예요. 그러면 성벽이 무너질 것 아닙니까? 그렇게 되면 성 안의 대포도 무용지물이 되죠.

예를 들면 병인양요(1866)와 상황이 비슷한 겁니다. 병인양요는 흥선 대원군(1820~1898)의 천주교도 학살·탄압을 명분으로 프랑스 함대가 강화도에 침범한 사건을 말하는데, 이때 강화도에서도 상황이 똑같았습니다. 프랑스 배가 와서 성벽을 향해 대포를 쏩니다. 이때 당시 조선의 대포 역시 고정식 대포라 곧 쓸모가 없게 되어버린 겁니다. 그렇게 되면 전투는 한쪽의 일방적인 포격전으로 끝납니다.

1차 아편 전쟁은 결국 영국군의 일방적인 포격이 청나라의 성벽을 무너뜨리면서 승패가 쉽게 결정됩니다. 심지어 배에서 내린 영국군은 이동식 포를 가지고 내려 공격했기 때문에 청나라군은 손도 쓰지 못하고 대패하고 맙니다.

전후 청나라는 1842년 영국과 난징 조약(南京條約, 남경 조약)이라는 불평등 조약을 맺습니다. 이 조약으로 인해 영국에게 홍콩을 할

제1차 아편전쟁 이후

· 영국과 청나라 간 난징 조약 체결
· 청나라, 영국에게 홍콩 할양, 주요 항구 개방
· 청나라의 군사 개혁 : 양무운동
· 청나라의 문호 개방 : 1820년 이후 청나라의 인력 수출
  - 청나라 저임금 노동자(coolie : 苦力)의 전 세계 유출
  - 아편의 세계적 시장 확대 ⇨ 청나라 최대의 아편 수출국으로 변화

양하고 주요 항구를 개방하는 등 청나라는 많은 손해를 감수해야
했습니다.

이후 2차 아편전쟁이 1856년에 발발합니다. 2차 아편전쟁은
청나라와 영국·프랑스 연합군 간의 전쟁으로 4년간 진행되었습
니다. 1차 아편전쟁 이후 이루어진 문호 개방이 만족스럽지 못했
던 영국이 애로 호 사건(1856)을 빌미로 다시 청나라를 공격한 것입
니다. 이 전쟁은 1차와 마찬가지로 청나라의 대패로 끝이 납니다.
청나라는 이 전쟁에서 패배한 후 텐진 조약(1858), 베이징 조약(1860)
등의 불평등 조약을 또 다시 체결하게 되죠.

이렇게 두 번의 패배를 맛본 청나라는 태평천국의 난(1850~1864)
이라는 대규모 내전이 발생해 기존의 집권층이 물러나게 되고, 한
족계 정치가인 이홍장(李鴻章)이 새롭게 집권을 하게 됩니다. 이홍
장의 집권 이후 청나라에서는 서양의 문물을 받아들여 부국강병을
이루자는 내용의 근대화 운동인 양무운동(洋務運動)이 권장되어 나라
의 힘을 키우는 것에 집중하게 됩니다.

4장

조선을 둘러싼
청·일 간의
패권 다툼

청일전쟁

1
오랜 갈등의 폭발 청일전쟁

　　청일전쟁(淸日戰爭)은 1894년에서 1895년까지 조선의 지배권을 두
고 청나라와 일본이 벌인 전쟁을 말합니다. 중국에서는 갑오전쟁
이라고 하고, 일본에서는 일청전쟁으로 부르기도 합니다만 우리나
라에서는 보통 청일전쟁으로 알려져 있습니다. 청일전쟁의 발단은
한 가지의 사건이라기보다는 몇 가지 사건이 유기적으로 얽혀있습
니다. 1894년 상해에서 있었던 김옥균 암살사건, 동학농민운동의

청일전쟁의 발단
· 김옥균 암살, 일본의 유해 요청 ⇨ 유해의 조선 운송
· 동학혁명 진압
· 일본의 경복궁 점령(1894년 7월 23일)
· 청의 파병

진압, 일본의 경복궁 점령 등의 사건들이 청일전쟁을 촉발시키는 계기가 됩니다.

청일전쟁은 쉽게 이야기하자면, 우리의 입장에서는 아시아의 패권을 두고 대립하던 청나라와 일본 사이에 끼어 있던 조선이 마치 고래 싸움에 새우등 터지듯 피해를 입은 거죠. 사실 이 전쟁이 발발하기 전에도 청·일 양국 간 분쟁은 꾸준했습니다. 특히 메이지 유신 성공 후 근대화가 진행되며 대외 진출을 꿈꾸고 있었던 일본의 입장에서는 대륙으로 향하는 길목인 조선이 매우 탐이 났을 겁니다. 청나라 역시 일본의 야욕을 잘 알고 있었기에 조선에 세력을 뻗치며 경계를 하고 있었고요. 두 나라는 조선에 어느 한 쪽이 개입하면 다른 한 쪽 또한 자동으로 개입할 수 있다는 내용의 텐진 조약(1885)을 체결하기도 합니다. 두 나라는 조선 내부의 경제, 정치, 외교 등 다양한 분야에 간섭하며 치열한 세력 다툼을 이어갔습니다.

이렇듯 두 나라의 대립의 장이었던 조선에 갑자기 동학농민운동(東學農民運動)이 일어납니다. 잘 알려져 있다시피 동학농민운동은

청일전쟁 충돌 전야

· 아편전쟁 이후 중국의 대대적 군비 증강
· 메이지 유신 직후, 일본군의 근대화
· 친일파 세력 약화와 정한론자들의 강경화 ⇒ 파병

전봉준을 중심으로 한 농민들의 반봉건 그리고 반외세 운동입니다. 이에 조선의 집권세력은 관군을 보내서 막으려고 하지만 농민군을 이겨내지 못합니다. '우리 힘으로는 막을 수 없다, 외세의 힘으로 진압하자'는 놀라운 발상을 한 조선 정부는 청나라에 원군을 요청을 했고, 1894년 5월 아산만에 청나라군이 상륙합니다. 그러자 텐진 조약을 빌미로 같은 해 5월 일본군도 조선에 상륙합니다. 이로써 청일전쟁이 발발하게 됩니다.

청나라와 일본, 양국 외교의 명암

· 청의 러시아 지원 요청 : 실패
- 러 · 청 비밀 조약
- 일본군 철군 권고
· 일본의 영국 지원 요청 : 실패
- 일본의 영국 불간섭 요청
- 청의 영국에 대한 지원 요청 지지

청나라와 일본이 단독으로 맞붙기 직전에 두 나라는 한 차례 외교전을 벌입니다. 청나라는 가까운 러시아에 지원을 요청을 하고, 일본은 영일동맹에 기대어 영국에 지원을 요청합니다. 하지만 두 나라 모두 거절당하죠. 결과적으로 다른 외세의 개입 없이 청나라와 일본 양국의 대결 구도로 청일전쟁이 시작됩니다.

2
양과 크기의 승리, 청나라의 해군력

청일전쟁의 막이 올랐습니다. 지금까지의 정보들을 종합했을 때 일본과 청나라 어느 쪽이 더 유리할까요? 왠지 무조건 일본이 승리할 것 같지 않습니까? 왜냐하면 일본은 메이지유신을 해서 서양문물을 수입한 반면, 청나라는 아편전쟁으로 영국에게 처참하게 진 상황이니까요.

당시 사람들의 예측도 크게 다르지 않았습니다. 모두 일본의 승리를 예상하고 있었습니다. 하지만 군사 전문가들은 그렇게 생각하고 있지 않았습니다. 왜냐면 당시 청나라의 이홍장은 양무운동을 통해 무기를 사들이고 있었거든요. 대표적인 예로, 두 척의 전함을 사들입니다. 군함으로는 제일 작은 것이 구축함이고, 그보다 큰 것이 순양함, 제일 큰 것이 전함입니다. 그런데 이홍장은 제일 큰 철갑 전함을 두 척이나 사옵니다. 자, 그럼 본격적으로 청나라와 일본의 해군력을 비교해 보겠습니다.

청·일 양국의 해군 비교	
청나라 북양함대	일본 제국 해군
철갑함 2척	철갑함 1척
장갑순양함 2척	방호순양함 8척
방호순양함 6척	순양함 1척
해방순양함 3척	프리킷 1척
포함 6척	어뢰정 22척
보조함 및 어뢰정	보조함 및 무장상선

　당시 청나라에는 아시아 최강의 전력이라고도 불리는 북양함대
가 있었습니다. 정식 명칭은 북양수사(北洋水師)라고 하죠. 이 북양함
대에는 철갑함이 2척이나 있는데 일본은 작은 철갑함 1척밖에 없어
요. 방호순양함은 앞에만 철갑을 살짝 두른 거예요. 장갑순양호는
방호순양호보다 한 단계 위의 함선인데, 청나라가 이 장갑순양함 2
척에 방호순양함 6척을 가지고 있었습니다. 그래도 여기까지는 비
슷하다고 할 수 있습니다. 하지만 철갑함은 차원이 다릅니다. 무엇
보다 당시의 청나라 사람들은 자신들의 철갑함이 일본군의 전투력
보다 강하다고 자부하고 있었습니다. 실제로 청나라가 가지고 있던
철갑함은 제일 비싸고 좋은 철갑함이었기 때문에 청나라 사람들은

한치의 의심 없이 승리를 장담하고 있었죠. 그런데 결과는 일본의 승리였습니다. 반전 드라마가 따로 없는 겁니다.

이 전투가 바로 1894년에 일어난 황해해전입니다. 압록강 전투라고도 하죠. 이 전투에 대해 좀 더 자세히 살펴보겠습니다.

황해해전(압록강 전투)	
풍도해전 이후 일본의 선전 포고 ⇒ 함대 집결	
청나라 북양함대	**일본 제국 해군**
전함 2척 순양함 7척 코르벳 1척 포함 2척 어뢰정 2척	전함 1척 방호순양함 8척 코르벳 1척 보조순양함 2척 어뢰정 1척

조선과 만주 유역의 압록강 지역에서 일본과 청나라가 맞붙습니다. 이 전투에 참전한 대표 전함 두 척의 전력을 객관적으로 비교해 보면 청나라가 앞서 있습니다. 그런데 우리가 지금까지 본 전쟁사에는 항상 반전의 재미가 숨어 있습니다. 예상을 뒤집고 전력이 약한 쪽이 이기곤 하죠. 강한 쪽이 이기는 것은 재미가 없습니다.

청일전쟁 기함 비교

청나라의 철갑함: 정원(定遠)

배수량 7,220t

최대 속도 15.4노트

2 X 트윈 12인치 후장포

2 X 싱글 6인치 후장포

6 X 싱글 1인치 속사포

3 X 어뢰발사관

일본의 철갑함: 마츠시다(松島)

배수량 4,285t

최대 속도 16.0노트

1 × QF 12.6인치 / 40 카네포

12 × QF 4.7인치포 Mk I-IV 속사포

6 × QF 3-파운더 호치키스포

12 × QF 1 포 5 총열 회전 호치키스포

4 × 14인치 어뢰관

청나라의 철갑함과 일본의 철갑함을 비교하면 각각 7,000톤과 4,000톤입니다. 크기 면에서 두 배 가까이 차이가 나죠. 과거의 전투에서는 무조건 양과 크기가 중요하다고 이야기했던 걸 기억하시죠? 전함의 크기가 곧 힘의 크기였습니다. 이번엔 포(砲)를 볼까요? 가장 큰 12인치 대포가 중국은 2기 2문이고 일본은 1기 1문이죠? 포문의 갯수는 곧 화력의 차이입니다. 즉 화력도 4배 차이가 난다는 소리죠. 그러면 싸움을 했을 때 무조건 청나라가 이겨야 하는데, 실제 결과는 청나라의 대패로 기록됩니다. 어떻게 이런 일이 생겼을까요?

3
반전의 주인공이 된
청나라의 최강 해군

　황해해전으로 청나라의 군함 5척은 침몰했고, 또 5척은 대파했습니다. 반면 일본은 전혀 손실이 없었습니다. 어떻게 된 일일까요?

　분명 청나라의 북양함대는 함대 수도 많고, 함포 구경도 우위에 있을 뿐 아니라, 비교적 작동이 쉬운 독일함이었는데 말이지요. 반면 일본의 함선은 영국과 미국에서 만들어진 것이라 상대적으로 조작이 어려웠습니다. 게다가 일본은 공격에 유리한 단종진(세로 방향으로 외줄로 친 진)을 치고 있었고 청나라의 함선은 병렬로 서 있었죠. 무기도 좋고 군함도 좋고 아무 문제가 없었어요. 그런데 청나라군은 왜 졌을까요? 패배의 이유를 듣고 나면 못 믿겠다고 하시는 분도 있을 것 같습니다. 어쨌든 이 이야기는 거짓말 같지만 실화입니다.

전투 지역에서 청나라군과 일본군이 마주했습니다. 만약 여러분이 일본 병사라면 어떤 기분이 들겠어요? 아마 겁이 나지 않을까요? 안 그래도 배의 성능이 떨어져서 불안한데, 앞에 보이는 청나라 배들이 병렬로 서 있으니까요. 일본군이 반은 포기한 상황에서 전투가 시작됩니다. 청나라 전함에서 포탄이 마구 쏟아집니다. 그런데 일본군의 배에 아무런 피해가 없는 겁니다. 알고 보니 날아온 포탄 안에서 콩이 데굴데굴 굴러 나오는 겁니다. 석탄가루나 진흙이 든 것도 있었습니다. 도대체 어떻게 된 일일까요?

청나라군이 쏜 포탄의 내용물(콩가루, 콩알, 석탄 등)

청나라군이 쏜 포탄은 사실은 연습용 포탄이었던 겁니다. 분명히 겉에 연습용이라고 쓰여있든 어떤 표시가 되어 있을텐데 그것도 제대로 확인을 하지 않은 것이죠. 그리고 더 자세한 사정은 이렇습니다.

상식적으로 연습용 포탄이 실제 포탄보다 값이 쌀 겁니다. 이때 이익을 더 남기고 싶은 포탄 판매상이 연습용 포탄 100개와 실전용 포탄 100개를 섞어서 납품을 하는 겁니다. 일반적인 경우라면 포탄을 책임지는 관리가 이것을 적발해야 합니다. 하지만 당시의 청나라는 부패 정도가 심했습니다. 포탄 판매상이 뇌물을 찔러줍니다. 그 관리의 반응은 어떨까요? 뻔한 이야기입니다.

한 마디로 나쁜 마음을 먹은 포탄 판매상이 속이기 쉽고 돈 많은 고객을 만난 겁니다. 안타깝지만, 청나라 군대에는 이 상황을 구별할 수 있는 능력이 있는 사람이 아예 없었던 거죠.

일부에서는 일본의 스파이들이 청나라에 잠입해서 이 일을 벌인 것이 아니냐는 추측도 있습니다. 그게 진짜든 아니든, 실제 전투에서 연습용 포탄이 우르르 떨어진 것은 사실이에요. 정말 희극이 아닐 수 없습니다. 이 얼마나 황당한 상황인지 다른 예시를 들어보겠습니다.

어떤 병사가 캘빈 소총을 들고 전쟁에 나갔다고 칩시다. 이때 적군이 M16을 들고 우르르 몰려옵니다. 총에 대해 조금 아시는 분들은 이 상황이 얼마나 불리한 상황인지 아실 겁니다. '아 이제 죽었구나'라는 생각과 함께 적의 총성이 병사의 귀에 박힙니다. 그런데 잠시 후 그 병사는 멀쩡히 살아있는 겁니다. 알고 보니 적이 공포탄을 쏜 것이지요.

이것을 사회문화에서는 문화지체(Cultural Lag)라고 합니다. 레그라는 단어가 질질 끈다는 뜻이에요. 기술문명은 들어왔지만 그것을 활용할 만큼 정신문명이 발달하지 못했을 때를 이르러 문화지체

현상이라고 합니다. 전형적으로 청군들이 그랬던 거예요.

청일전쟁을 보면 바다에서만 아니라 분명 육지에서도 싸웠을 겁니다. 육전에서도 여러 이유로 집니다만, 정말 황당하게 진 경우가 또 있습니다.

청나라가 아편전쟁에서 왜 졌었죠? 사거리가 짧은 고정식 대포를 쓰다가 그랬죠. 그 이후로 같은 실수를 반복하지 않기 위해 서양에서 이동식 대포를 많이 삽니다. 많은 돈을 쓴 만큼 써먹어야겠죠? 그래서 이동식 대포를 들고 한반도로 들어옵니다. 일본군을 혼쭐 내주려고요.

그런데 이동을 못 시켜요. 길이 없잖아요. 우리나라에 바퀴 달린 대포가 다닐 만한 그런 길이 어디 있겠습니까. 그 대포를 논두렁으로 끌고 다닐 수는 없잖아요. 그러니깐 소총을 든 일본군한테 속수무책으로 당하는 거예요. 끌고 다니면서 쏘지도 못했지만, 설령 이동식 대포를 썼다고 한들 그 포에서 제대로된 포탄이 나갔을까요? 아마 이번에도 콩탄이 나왔을 겁니다.

청일전쟁은 결과적으로 청나라가 안고 있는 커다란 구멍을 보여 준 전쟁이라고 볼 수 있겠습니다. 내실을 다지지 못한 나라의 무력감이 어떤 식으로 표출되는지, 어떤 모습으로 무너져 내리는지 알 수 있었습니다. 그래서 아편전쟁과 청일전쟁은 '전쟁'이라고 표현하기에도 민망합니다. 한 나라의 존폐를 놓고 벌이는 치열한 전장에서 황당한 일이 연속되다니, 전쟁사에서 역사적인 전쟁으로 기록되기에 어딘가 부족한 전쟁이었습니다.

이 전쟁의 연결 고리 안에 있던 삼국의 국제 질서는 전쟁이 끝난 후, 일본 중심으로 재조정되었습니다. 결과적으로 일본은 이 승리를 바탕으로 제국주의 국가 건설을 향한 기틀을 마련하게 된 것입니다. 이때 청나라는 왕조가 붕괴되며 위기를 맞습니다. 하지만 누구보다 위험해진 것은 조선이었습니다. 전쟁터를 제공한 조선은 결국 전쟁의 승자인 일본의 손아귀에 떨어지게 됩니다.

5장

- - - - - - - - -

제국주의의
팽창이 빚어낸 전쟁

제1차 세계대전

1
―
1차 세계대전은 왜 일어났을까?

1) 1차 세계대전이란?

제1차 세계대전(World War I)은 1914년부터 1918년까지 4년간 치열하게 벌어진 세계 전쟁입니다. 유럽을 중심으로 한 여러 국가가 참전했으며 특히 사망자가 가장 많은 전쟁 중 하나로 기록됩니다. 그 규모 면에서는 따라올 전쟁이 없겠습니다. 유럽의 국가들 뿐 아니라 일본과 미국 그리고 오스만제국, 터키, 아랍, 북부 아프리카의 나라까지 참 다양한 국가들이 참전합니다. 그야말로 전 세계의 격돌이라고 할 수 있을 것 같습니다. 이때 각각 거대한 강대국들끼리 동맹하여 두 편으로 나뉘었는데, 한 쪽은 독일과 오스트리아-헝가리의 동맹 팀이었고, 다른 한 쪽은 영국, 프랑스, 러시아로 삼국 협상을 기반으로 뭉친 팀이었습니다. 이탈리아, 일본, 미국, 오스만제국, 불가리아 등은 이후 각각 두 팀 중 한 팀에 가담하게 되죠.

한편, 세계대전이 사람들에게 각인된 또 다른 이유는 무엇보다 수천 만 명의 사상자를 낸 비극적인 전쟁이었기 때문이었습니다. 그래서 1차, 2차 세계대전의 종전 이후에 국제연맹(League of Nations)과 국제연합(UN)이 등장하죠. 다시는 이 같은 전쟁이 일어나서는 안 되겠다는 인식이 퍼져 국제평화기구 설립에 대한 논의가 이루어진 것이죠. 그 결과 1차 세계대전 후에는 국제연맹이, 2차 세계대전 이후에는 국제연합이 창설됩니다.

이처럼 세계사에서 중요한 전쟁임에도 불구하고 1차 세계대전 은 2차 대전에 비해 잘 알려져 있지 않습니다. 물론 여러 매체를 통해 이미 잘 알고 계시는 분들도 있겠지만, 그래도 여전히 생소해 하는 분들이 계십니다. 이번 기회에 2차 세계대전 뿐만 아니라 1차 세계대전에 대해서도 알아보고 가면 좋을 것 같습니다.

먼저 제1차 세계대전과 제2차 세계대전의 공통점을 살펴볼까 요? 이 두 전쟁의 공통점은 독일이 여러 나라를 상대로 전쟁을 벌 였다는 것입니다. 한마디로 독일이 전 세계를 상대로 전쟁을 벌였 다는 것인데요, 독일과 대적한 나라는 크게 네 곳입니다. 유럽의 정통 강호인 영국과 프랑스 그리고 어마어마한 경제력과 영토를 가진 미국과 러시아입니다. 영국은 유럽 최고의 해군력을 보유하 고 있고, 프랑스는 나폴레옹 이후 유럽 최고의 육군을 가지고 있었 죠. 미국 역시 제1차 세계대전 때 이미 전 세계에서 GDP생산량 1 등을 차지했습니다. 러시아는 전 세계에서 가장 넓은 영토를 차지하고 있는 나라였죠. 사실 어떻게 보면 이런 나라들을 상대로 전쟁을 벌인 독일이 무모해 보이기도 합니다.

1차와 2차의 또 다른 공통점은 전쟁의 양상입니다. 쉽게 말하자면 서로 편에 가담하는 방식으로 전쟁이 진행된 겁니다. 물론 그 전에 이미 유럽 전역의 힘의 균형 유지를 위한 각 나라의 동맹 네트워크가 형성되어 있기는 했습니다. 이를 기반으로 1차 세계대전 때 오스트리아와 오스만제국이 독일 편을 듭니다. 2차 세계대전 때는 이탈리아와 일본이 독일과 같은 노선에 서게 되지만 두 대전 모두 그 중심은 독일이 차지하고 있습니다. 어쨌든 독일이 중심이 되어 싸운 1차와 2차 세계대전을 폭넓게 살펴보면 본질적으로 크게 다르지 않습니다. 독일은 영·프·미·러라는 네 나라를 상대로 싸우면서, 프랑스와 러시아를 차례로 이기지만 영국과의 전쟁에서 고전하다가 미국이 참전하면서 결국 패배하는 양상을 보입니다. 이런 전개 양상은 1차나 2차 세계대전 모두에서 똑같이 나타납니다.

이제 우리가 살펴볼 1차 세계대전의 이야기에서 눈여겨봐야 할 역사적 쟁점은 크게 세 가지입니다. 첫 번째는 이 전쟁이 발생한 원인은 무엇인가, 두 번째는 독일이 어떻게 전 유럽을 상대로 싸울 수 있었는가, 세 번째는 참호전은 어떻게 진행되었는가 하는 것입니다.

다음 장에서 1차 세계대전의 배경과 원인을 살펴보겠습니다.

2) 1차 세계대전의 배경

자 이제 제1차 세계대전이 일어난 배경과 그 원인을 살펴볼까요? 우선 1차 세계대전 전 정치 및 군사적 동맹 상황을 보겠습니다. 일반적으로 영국과 프랑스는 선발 자본주의로 다른 나라보다 일찍 자본주의가 발전했으며, 그 덕분에 식민지가 많았다고 알려져 있습니다. 반면 독일은 식민지가 없었죠. 그래서 일각에서는 1차 세계대전 발발의 이유가 독일이 뒤늦게 식민지 쟁탈전에 뛰어들어 영국과 프랑스를 대적했기 때문이라고 합니다. 물론 틀린 말은 아닙니다. 기본적으로 경제적인 지배권 싸움이 빠져있는 전쟁은 없으니까요.

제1차 세계대전의 배경

1. 경제적 배경: 식민지 쟁탈전
   - 영국 3C(캘커타, 카이로, 케이프타운)
   - 독일 3B(베를린, 바그다드, 비잔티움)

2. 정치적 배경
   - 범슬라브주의 : 러시아의 세르비아 지원
   - 프랑스의 복수심 : 프로이센 전쟁 패배와 로렌 지방 복구
   - 범게르만주의 : 독일과 오스트리아 제국 연합

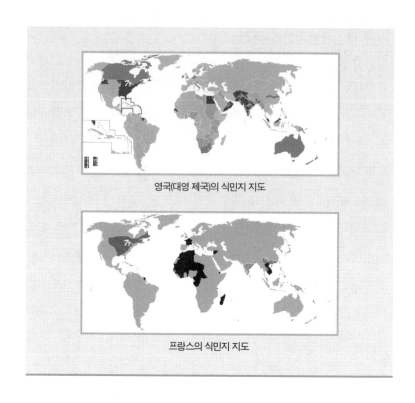

영국(대영 제국)의 식민지 지도

프랑스의 식민지 지도

위의 지도 그림은 영국의 식민지를 나타낸 지도입니다. 아래의
지도는 프랑스 식민지를 나타낸 지도입니다. 두 나라의 식민지 지
배 영토를 합하면 거의 전 세계입니다. 식민지가 아닌 곳은 유럽과
러시아, 신대륙밖에 없습니다. 그런데 알고 보면 신대륙은 위는 미
국이고 브라질은 포르투갈, 나머지는 스페인이죠. 그리고 이 나라
들도 각자의 식민지를 가지고 있었죠. 한마디로 독일이 차지할 식
민지가 남아있지 않았습니다. 결과적으로 후발 자본주의가 출발한
것이니 식민지 쟁탈전의 성격이 큽니다. 그런데 이것만으로는 설

명이 부족합니다.

그렇다면 독일은 왜 러시아랑 싸웠을까요? 두 나라 모두 식민지가 없습니다. 러시아도 독일처럼 식민지 쟁탈 싸움에 끼어든 것일까요? 그렇다면 미국은 왜 독일과 싸웠죠? 역시 식민지 때문이었을까요? 그렇다면 영국과 프랑스의 싸움은 어떻게 설명할 수 있을까요. 여기서 우리는 한 가지 간과한 것이 있습니다.

당시는 독점자본주의였습니다. 독점자본주의의 치명적인 약점은 수요보다 공급이 많다는 것입니다. 과잉 생산된 물건을 팔기 위해서라도 식민지가 필요하겠죠. 자본주의의 발전을 위해서라도 식민지가 원료공급처이자 값싼 제품의 판매처가 되어야 했고, 식민지 쟁탈전이 필연적으로 나타날 수밖에 없다는 의견에 이견은 없습니다. 하지만 과연 그것이 전부일까요?

먼저 미국부터 가보죠. 미국의 참전 이유는 무엇일까요? 물론 막대한 경제적 이득이 있었습니다. 실제로 미국은 처음에는 중립을 표방하면서도 양쪽에 물자를 팔아서 이익을 거둡니다. 특히 영국에 더 많이 팔았기 때문에 영국과 경제적 이해관계가 더 컸죠. 결국 미국이 참전할 수밖에 없었던 이유는 이후 독일의 행동 때문이었습니다. 훗날 독일은 U보트를 만드는데 이것으로 무제한 잠수전을 펼칩니다. 그러던 중 미국의 원양 항해선 루시타니아호가 U보트의 공격을 받아 침몰하는 사건이 생깁니다. 이를 계기로 미국이 참전 선언을 하는 거죠.

그런데 제가 강조하고 싶은 이야기는 다른 내용입니다. 우리는 미국이 참전을 결정한 20세기 초반의 상황을 살펴봐야 합니다. 당시 미국은 경제적으로 크게 발전합니다. 전형적인 독점 자본주의에 들어선 미국에는 지금까지도 유명한 재벌들이 등장하죠. 예를 들어 록펠러 같은 사람들 말입니다. 그런데 알고 보면 록펠러는 반노조로 유명합니다. 마침 20세기 초 미국에는 역사상 가장 치열한 노동운동이 벌어집니다. 전 세계적으로 노동운동이 확산되는 이때에 세계대전이라고 그 영향을 벗어날 수 있었을까요?

1차 세계대전에 참여한 독일군의 숫자를 보면 약 1,200만 명 정도입니다. 2차 세계대전에도 약 4,000만 명 이상이 참전하죠. 이 말은 즉, 독일 내 2, 30대의 거의 모든 젊은 남자가 징병되어 군인이 됐다는 이야기입니다. 미국 또한 1차 세계대전에 잠깐 참전하는데 무려 36만여 명이 사망합니다. 독일, 영국, 프랑스의 사상자수는 아마 더 많았겠죠.

마침 1차 세계대전이 진행된 시기는 자본가 계급과 노동자 계급이 가장 격렬하게 대립하던 시기입니다. 왜냐하면, 상대적 빈곤의 격차가 가장 컸기 때문이었죠. 소수의 독점 재벌과 대다수의 헐벗은 민중의 양극화라고 표현할 수 있는 시대였습니다. 전쟁은 바로 이런 내부의 갈등과 모순을 애국주의라는 이름을 씌워 외부로 돌릴 수 있는 좋은 기회였습니다.

결국 전쟁이 시작된 가장 큰 요인은 내부의 복합적이고 폭력화되어가는 계급 간의 모순, 불평등으로 인한 폭발의 우려를 외부로 분출시켜 해결하고자 했던 것입니다. 그래서 전쟁을 아주 나쁘게 표현하자면, '노인의 욕구에 의해 젊은이들이 죽어가는 것' 이라고 합니다. 이런 내용은 교과서에서는 잘 다루지 않는 내용입니다.

'군인이 파업을 한다' 좀 생소하고 말도 안되는 것 같지요. 그렇다면 도대체 국가는 누가 지키냐는 말이 바로 나올 겁니다. 하지만 이 당시에 각국의 가장 큰 염려는 바로 군인의 파업이었습니다.

실제로 러시아 사회주의 혁명의 결정타가 된 것이 바로 군인의 파업이었죠. 군인과 군수산업에 종사하는 노동자를 포함한 대다수 노동자의 파업은 러시아만이 아니라 당시 유럽 각국에서도 터져 나오고 있는 문제였죠. '노동자가 자본가들 사이에서 벌어진 제국주의 전쟁에 참여하는게 말이 되느냐?' 라는 입장과, '노동자에게는 조국이 없느냐?' 라는 식의 반대 입장이 끊임없이 충돌했습니다. 결론적으로 제1차 세계대전은 기존의 국가간의 전쟁이라는 개념을 넘어 국가동맹의 전쟁이자 국가내부의 전쟁이었다고 보아야 할 것입니다.

직접적으로 1차 세계대전의 원인으로 볼 수 있는 사건이 있죠. 그건 바로 사라예보 사건입니다. 1914년 사라예보에서 오스트리아의 황태자 부부가 총격을 받고 사망합니다. 이때 오스트리아의 뒤에는 독일 세력이 있었고, 황태자 부부를 죽인 청년은 세르비아계 출신이었습니다. 세르비아는 슬라브계니까 그 뒤에는 또 러시아가 있었던 것이죠. 황태자가 암살된 이후 오스트리아는 세르비아를 공격하고자 합니다. 이에 세르비아는 러시아에 도움을 요청하죠.

요청을 받아들인 러시아는 오스트리아에 선전포고를 합니다. 그러자 오스트리아는 독일에게 도움을 요청합니다. 이렇게 네 나라가 엉키게 되는 거죠. 그리고 이때 러시아와 프랑스는 이미 동맹관계였습니다.

1차 세계대전의 계기가 된 사라예보 사건

1. 1914년 6월 28일 사라예보에서 오스트리아 황태자 프란츠 페르디난트
   세르비아 암살범에게 피격 당함
2. 1914년 7월 28일 오스트리아, 세르비아에 선전포고
3. 1914년 8월 04일 독일 -〉 벨기에 침공
   영국 -〉 독일에 선전포고(영국-벨기에 동맹)
4. 1915년 4월 26일 이탈리아 -〉 오스트리아에 선전포고
5. 1917년 4월 06일 미국 -〉 독일에 선전포고

게다가 1차 세계대전 직전에 독일은 철강 생산량에서 영국과 프랑스를 추월한 상황이었습니다. 영국과 프랑스의 경계를 받을 수밖에 없는 상황인 거죠. 프랑스는 이미 과거 프로이센-프랑스 전쟁(1870~1871)에서 비스마르크에게 패배한 역사를 가지고 있었기 때문에 러시아와 동맹을 맺어 놓은 상황이었습니다. 독일이 좀 심하게 까분다 싶으면 러시아와 손잡고 공격을 하려고 했던 거죠. 때문에 프랑스는 자동으로 러시아와 함께 전쟁에 참전하게 됩니다. 독일은 졸지에 러시아와 프랑스 양쪽을 상대로 전쟁을 하게 된 거죠.

3) 지옥의 참호전

1차 세계대전을 표현하자면, 지옥의 참호전이라고 이야기할 수 있을 것 같습니다. 참호전에 왜 '지옥'이라는 표현이 쓰였는지는 잠시 후에 이야기하도록 하고, 먼저 참호전의 개념부터 살펴보겠습니다. 참호는 야전에서 방어선을 따라 판 구덩이를 뜻하는데 여기에 병사들이 몸을 숨기고 적과 싸웠습니다. 1차 세계대전 중에는 주로 서부 전선에서 참호전이 치러졌습니다.

지옥의 참호전

참호전은 기본적으로 공격보다는 수비의 성격이 강합니다. 전선을 지키기 위해 참호를 파고 그 안에 병사들이 들어가 버티는 거니까요. 흙바닥을 파고 그 안에 들어가서 한여름과 한겨울을 보낸다고 생각해보십시오. 끔찍하지 않나요. 1차 세계대전이 진행되는

4년간 사람들이 죽어나가면 참호는 새로운 사람들로 채워집니다. 차츰 그 안에는 온갖 배설물과 시체와 쥐들이 쌓입니다.

참호를 청소할 수도, 참호 밖으로 나갈 수도 없는 신세인 병사들에게는 선택권이 없죠. 보급로도 참호 안으로 바로 이어지기 때문에 참호 안의 병사들은 그야말로 지옥과 같은 환경에서 먹고 자고를 반복해야 했습니다. 그래서 참호전을 지옥의 참호전이라고 표현하는 것입니다.

참호가 등장하기 전에는 주로 돌격형 전투가 많았습니다. 총을 들고 그냥 앞으로 나아가는 것이지요. 나폴레옹의 전투를 떠올려 보면 될 것 같습니다. "돌격 앞으로!"라는 명령이 떨어지면 포병의 지원을 받으면서 보병들이 전진하는 거죠. 돌격과 포격으로 적을 괴멸시키는 것이 19세기 후반에 보편화된 전투의 형태였죠. 특히 포병 지원 전투는 나폴레옹이 가장 잘하는 전투 방식이었습니다.

그런데 1차 세계대전에는 새로운 방어 무기가 등장합니다. 바로 기관총입니다. 기관총은 기본적으로 공격보다는 방어에 유용한 무기입니다. 들고 다니면서 쏘는 게 아니라, 삼각대에 걸쳐 놓고 마구 쏘는 겁니다. 기관총이 등장하며 전투의 방식이 바뀝니다. 참호를 파고 들어가 기관총으로 방어하면 돌격해 오는 군사들을 모두 무찌를 수 있었죠. 기존의 돌격 공격이나 대포로는 참호 방어를 깨뜨릴 수가 없었기 때문에 이때 곡사포(장애물 뒤의 목표물을 곡사하는 데 쓰이는 화포)가 각광받기 시작합니다. 그리고 또 하나 등장하는 것이 염소가스입니다. 인류 최초의 화생방전인 셈입니다. 하지만 이 가스는 공격 효과는 크지 않았습니다. 참호를 무력화할 작정으로 화생방을 터트려도 진격이 불가능했습니다. 염소가스는 아군과 적군 모두에게 피해를 주기 때문에 공격 시엔 시간차를 둬야 했는데, 가스가 공기 중으로 사라질 무렵엔 이미 참호 안은 새로운 군사들로 채워졌습니다. 결국 가스 공격은 적군에게 치명적으로 작용하지는 못하였고 가끔 심리적 위축감을 적군에게 불어넣기 위해 사용되었다고 합니다. 그밖에 화염방사기도 등장하지만 참호를 깨지는 못합니다.

사실 참호를 무너뜨리는 것은 1차 세계대전 막판에 등장하는 탱크입니다. 독일군이 아닌 반대편인 연합군 측에서 먼저 탱크를 만들어내죠. 하지만 탱크는 1차 세계대전 막판에서도 큰 활약은 하지 못합니다. 초기 탱크는 성능이 크게 떨어졌기 때문이지요. 결국 참호는 훗날 2차 세계대전에 들어서야 성능이 개선된 탱크에 의해 무력화됩니다.

여기서 더 재미있는 건, 이후 2차 세계대전에서 기관총이 다시 등장한다는 것입니다. 바로 시가전(민간인이 거주하는 도심 지역 내에서 벌이는 지상 전투)에서 말이죠. 1차 세계대전의 막바지에 탱크가 등장합니다. 2차 세계대전에서는 탱크의 사용이 본격화되죠. 하지만 탱크는 화력은 강력했지만 시가전에는 약했습니다. 건물의 잔해물이 떨어지면 꼼짝을 못하게 되니까요. 때문에 시가전을 벌일 때는 탱크보다 기관총의 활약이 더 컸습니다. 결과적으로 인류 역사 상 살상력이 가장 컸던 무기 중 하나는 기관총이 되겠네요.

4) 1차 세계대전의 전개 양상

먼저 1차 세계대전의 전개 양상을 압축해 살펴볼까요? 1차 세계대전은 오스트리아-헝가리 제국의 세르비아 침공에서부터 시작되었습니다. 이후 러시아가 가담하고 독일군이 중립국이었던 룩셈부르크와 벨기에를 침공하면서 영국이 참전하게 되죠. 크게는 독일과 프랑스, 영국 세 나라 주도의 싸움이 진행됩니다. 이후 서부전선은 1917년까지 앞서 본 것과 같은 참호전이 지속됩니다. 동부 전선에서는 러시아군이 오스트리아-헝가리제국을 침략했다가 독일군의 반격으로 밀려납니다. 이후 오스만제국, 이탈리아, 불가리아, 루마니아가 참전하고 마지막으로 1917년 미국이 참전하면서 관련 국가의 참전이 마무리 됩니다. 이후 두 세력은 전선을 밀고 당기며 공세와 방어를 이어가다가 1918년 독일이 연합군과의 휴전에 합의하며 종전에 이릅니다.

자, 이제 부터는 위에서 살펴봤던 무기의 등장과 연관지어서 전쟁의 전개 양상을 좀 더 살펴보겠습니다. 1차 세계대전에서는 가스, 탱크, 화염방사기 등이 크게 활약하지 못했기 때문에 참호전에서 참호를 잘 지키면 전투를 유리하게 이끌 수 있었습니다. 물론 물자보급이 끊기기 전까지 말입니다. 물자가 먼저 떨어지는 쪽이 지는 싸움이었죠. 그래서 약 4년 동안 참호전이 치러집니다. 다시 말해, 4년 후에 어느 한쪽의 물자가 떨어진다는 것인데, 먼저 손을 든 쪽은 독일이었습니다. 전쟁이란 참혹하면서도 또 한편으로는 이렇게 간단합니다. 적의 물자를 먼저 떨어뜨리는 쪽이 이깁니다.

독일의 입장에서는 영국과 프랑스의 물자를 먼저 떨어뜨리려 했을 겁니다. 독일은 섬나라 영국을 고립시키려고 잠수함도 만듭니다. 하지만 독일은 결국 두 나라보다 먼저 물자 보급에 어려움을 겪게 되죠. 군사 수는 계속 줄고, 새로운 참호를 팔 여력도 나질 않습니다. 그동안 연합군은 독일군의 참호를 순차적으로 점령하죠.

소모전이 계속되는 가운데 독일 내부도 상황은 더욱 여의치 않았습니다. 전장의 사기도 계속 떨어지는데, 노동자와 군인들의 파업이 일어나기도 합니다. 내부 모순이 폭발해 버릴 듯 부풀어 오르는 거죠. 훗날 독일은 전쟁이 끝나자마자 체제가 붕괴해 버립니다. 결과적으로 독일의 전쟁 패전의 이유는 안팎 모두에서 기인한 것이지요.

우리가 살펴본 1차 세계대전에서는 새로운 무기가 대거 등장했습니다. 참호, 기관총, 가스, 탱크, 곡사포, 거대 전함까지 말이죠. 전함을 격침시키기 위한 잠수함도 나옵니다. 또 폭격기가 등장하면서 시가 폭격이 이루어지죠. 때문에 민간인 사망자도 속출합니다. 이후 프로펠러 기관총이나 비행선도 나오지만 둘 모두 공격에 취약해 제대로 쓰이지는 못합니다. 어쨌든 중요한 것은 새로운 무기가 등장하고, 전쟁이 전개될수록 사망자의 수가 점차 누적되고 있다는 것이었습니다.

한 번 전투가 벌어지면 몇 십만 명씩 사상자가 나왔으니까요. 1

차 세계대전에 참전한 군인은 약 6,500만 명이라고 합니다. 당시 세계인구는 15억 명에서 20억 명 사이였습니다. 그중 약 6,500만 명이 참전해서 1,000만여 명이 죽고, 2,300만여 명이 부상당한 끔찍한 전쟁이 바로 1차 세계대전이었습니다.

1차 세계대전의 실제 전투 양상은 당시 가장 치열했던 서부전선과 동부전선의 전투 상황을 자세히 살펴보면서 알아보도록 하겠습니다.

2

서부전선에서 힘겨루기, 슐리펜 계획

1차 세계대전에 독일은 서쪽으로는 프랑스와 동쪽으로는 러시아와 전쟁을 하는 이중전선을 형성하는 전쟁을 합니다. 그런데 독일은 바보가 아니었죠. 전쟁이 시작되면 전선이 양쪽으로 형성될수밖에 없다는 사실을 잘 알고 있었습니다. 이러한 이중전선을 형성하는 전쟁으로는 결코 승리할 수 없다고 주장하던 독일의 정치인이 있었습니다. 그 사람이 바로 그 유명한 비스마르크였습니다. 그래서 정책 방향도 '러시아와는 절대로 원수가 되지 말자'였습니다. 비록 독일은 게르만이고 러시아는 슬라브였기 때문에 서로 완전히 다른 민족이었지만, 그래도 독일은 러시아와 화목하게 지내자는 기본 입장을 가지고 있었죠. 그런데 비스마르크가 죽고 나서 빌헬름2세가 들어섭니다. 빌헬름 2세는 즉위하자 비스마르크를 해고하고 반러시아 정책을 폅니다. 일부 역사학자들은 비스마르크에 대한 반발심을 그 원인으로 들기도 하지만 현실적으로는 빌헬름 2세 시절에 독일 내부에 사회주의 운동이 최절정에 들어서게 된것도 하나의 원인이었을 겁니다. 그런 상황에서 사회주의 운동이 막강한 러시아와 손을 잡는다는 것은 독일 내부에 사회주의 혁명의 기운을 더 높여줄지도 모른다는 우려가 있었겠죠. 아무튼 빌헬름 2세는 전쟁을 피할 수 없게 되자, 양면 작전을 쓰기로 합니다. 이때 그가 준비한 계획이 바로 슐리펜 계획입니다.

슐리펜 계획의 내용은 아주 간단했습니다. 두 개의 전선이 생기기 전에, 그러니까 러시아가 오기 전에 프랑스와 신속히 단기전을 벌여 승리하는 계획이었죠. 다시 말해 각개 격파를 하겠다는 것이 었습니다. 당시에는 나름 혁신적이었습니다. 유럽에서 막강하기로 소문난 프랑스 육군을 먼저 공격하겠다는 생각은 당시에 아무나 할 수 있는 것이 아니었으니까요.

독일은 어쨌든 두 나라와 동시에 싸울 수 없었기에 이런 결정을 내릴 수밖에 없었습니다. 전력을 비교해보니 러시아보다 프랑스가

슐리펜 계획
· 프랑스-러시아 전선분리 방지
· 독일 7/8 병력으로 프랑스를 침공하여 6주 내 파리 점령
· 북부에서 파리를 향해 낫질하듯 프랑스 점령
· 최후로 알자스 로렌(프랑스 동부지역) 포위 섬멸

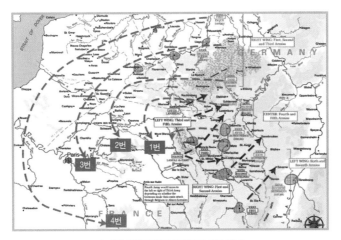

슐리펜 계획에 따른 독일군의 이동 경로

더 셉니다. 거리를 고려해보니 러시아와 맞붙을 시간을 준비하다
가는 프랑스와 러시아를 상대로 한 양면 전쟁이 될 가능성이 높아
보였죠. 프랑스의 전력이 강하기는 하지만 파리부터 함락시키고
나면, 러시아를 점령하는 것은 쉬울 거라고 판단합니다.

이 당시 독일에는 8개의 군단이 있었습니다. 그 중 7개 군단이
파리로 먼저 쳐들어가고, 나머지 하나의 군단이 러시아에서 버티는
겁니다. 이때 러시아 쪽으로 간 군단이 바로 제8군단입니다. 이 군
단에 대한 이야기는 동부전선을 다룰 때 자세히 이야기 하도록 하
겠습니다. 프랑스 쪽이 서부전선, 러시아 쪽이 동부전선이 됩니다.

하지만 프랑스도 독일이 곧 침공해 올 거라는 사실을 알고 있었
습니다. 프랑스가 독일 접경지대를 방어하자 독일은 그곳을 피해
갑니다. 독일의 슐리펜 계획의 7개 군단은 우회로로 돌아서 프랑스

로 쳐들어가는 것이었습니다. 군대가 나아가는 방향을 보면 마치 낫 모양과 비슷하죠? 그림을 보면 1번, 2번, 3번, 4번 루트가 있고 4번 루트가 가장 멀리 돕니다. 독일은 진격속도를 맞추기 위해 4번에 최정예 부대를 배치합니다

결과적으로 슐리펜 계획은 절반은 실패하고, 절반은 성공합니다. 프랑스의 방비를 뚫고 접근하는 데는 성공하지만, 예상치 못한 적이 등장하게 됩니다. 바로 영국이죠. 독일군은 우회하면서 벨기에를 거칩니다. 당시 벨기에는 중립국인데다 그 뒤에는 영국이 있기 때문에 독일군이 설마 벨기에를 건드릴 리 없다는 것이 프랑스의 예상이었죠. 하지만 독일은 벨기에를 통해 프랑스로 갑니다.

사실 독일의 빌헬름 2세는 영국의 조지 5세와 외사촌 사이였습니다. 빌헬름 2세는 사촌끼리인데 '설마' 라는 생각을 했을지도 모르죠. 하지만 독일의 예상과 달리 영국이 참전을 선언합니다.

결국 독일은 영국을 포함한 세 나라와 싸우게 됩니다. 하지만 전쟁에 언제나 강대국이 승리하는 것은 아닙니다. 그리스-페르시아 전쟁만 해도 그렇지 않나요? 하지만 독일의 경우 단기전에서 한 번 승리는 가능하지만 장기전으로 가면 불리해 지는 것이 사실이었습니다.

어쨌든 독일은 파리로의 진격을 멈추지 않습니다. 그런데 여기서 재미있는 것이 가장 멀리 돌아갔던 4번 루트의 군단, 즉 최정예 군단이 가장 먼저 도착을 했다는 겁니다. 최정예 군단이니 싸움실력도 좋은데 빠르기까지 했던 거죠. 독일군 스스로도 너무 쉽게 뚫

고 와서 놀랍니다. 그래서 판단이 흐려진 걸까요? 사령관은 바로 파리를 점령하지 않고, 별 다른 이유없이 내리 이틀 동안 휴식을 취합니다. 전술적 오판이라고 하죠. 아마 다른 군단이 오기를 기다렸나 봅니다. 덕분에 프랑스가 정비할 시간을 가지죠.

독일의 작전이 성공했는데도 결과적으로 실패로 돌아갔던 이유는 사령관의 오판도 있지만, 프랑스의 통신기술의 발달에 있었습니다. 당시 독일군은 전선에 있던 프랑스군이 그렇게 빨리 파리에 도착할 줄 몰랐던 겁니다. 당시 프랑스군은 빠른 지원요청을 위해 모스부호를 날립니다. 덕분에 전선에 있던 프랑스군대가 바로 파리로 들어와 보급도 강화됩니다.

결정적으로 독일의 1군단과 2군단의 거리가 벌어지면서 전투가 약간 교착 상태에 빠집니다. 독일의 입장에서는 발등에 불이 떨어져 총력전을 펼쳐야 했는데 말이죠. 그런데 독일군에게도 한 가지 큰 걱정이 있었습니다. 포위를 당할까 두려웠던 거죠. 당시 전투에서는 포위를 당하면 화력이 집중되니까 무조건 불리해집니다. 때문에 포위를 당하지 않는 것이 가장 중요했습니다.

그런데 어쨌든 독일이 파리로 들어와보니, 영국군이 이미 먼저 도착해 있는 겁니다. 만약 영국군과 프랑스군이 독일의 1, 2군단 사이를 뚫고 들어와버리면 둘 중 하나는 포위돼서 섬멸당할 수 있는 상황이 된 겁니다. 1군단이 파리 진격을 앞두고 2군단과 합류를 기다리던 때 그 사이 50킬로미터의 간격을 적군에게 노출한 겁니

- 독일의 불운, 프랑스의 기적
- 1군 파리 진격 멈추고 프랑스 군 공격 시작
- 측면 노출된 독일군, 프랑스 포격전 실시
- 1군과 2군 사이 50km 거리 노출
- 우연히 들어온 영국군 발견한 독일군 자진 후퇴
- 프랑스 파리의 마른강(江)을 사이에 두고 독일군과
  프랑스 · 영국 연합군 격돌

다. 이는 애초에 독일군이 시간을 낭비하면서 벌어진 일이었죠. 마침 그 곳을 순찰하던 독일군은 그 간격 사이에 있던 영국군을 발견합니다. 영국군을 발견한 독일군은 포위를 두려워해서 철수를 명령합니다. 그런데 이 일은 훗날 '프랑스의 기적'으로 불립니다. 왜냐하면 이때 독일군이 마주한 영국군은 길을 잃고 독일군 사이로 들어간 군대였던 것이죠. 프랑스의 입장에서는 이보다 좋은 일이 없었을 겁니다.

프랑스에서는 기적이라고 하지만, 독일의 입장에서는 불운이었습니다. 아무튼 이 사실을 알아챈 독일군은 후퇴를 하다가 다시 돌아옵니다. 이미 프랑스군은 보강을 한 상황이었습니다. 역으로 독일군의 측면에 위협을 가했고 이때 마른(Marne)전투가 발발합니다. 약 200만 명의 군사가 맞붙은 큰 전투였죠.

독일군은 마른 전투에서 결국 패배하고 퇴각합니다. 이로써 독

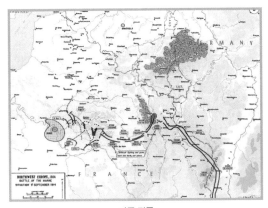

마른 전투

일군의 슐리펜 계획은 완전히 실패로 끝이 납니다. 하지만 힘의 균형이 완전히 기울어진 것은 아니었습니다. 이때부터 장기적인 참호전이 시작됩니다. 이미 프랑스는 참호를 파기 시작했습니다. 이에 독일도 참호를 파면서 약 4년간 이어지는 참호전이 시작됩니다. 프랑스와 독일의 국경 지대를 중심으로 600킬로미터에 달하는 참호가 이어지게 되죠. 이에 서부전선은 교착상태에 빠지게 됩니다. 뚜렷한 승리나 패배 없이 사상자의 숫자만 늘어나게 됩니다. 이 참호전의 결과는 독일군의 패배로 끝이 납니다. 참호전은 무조건 끝까지 지키는 쪽이 이기는데, 독일군은 지키지도 공격하지도 못하고 패배하죠.

　자, 여기까지 서부전선의 이야기가 마무리되었습니다. 사실 더 드라마틱한 일은 동부전선에서 벌어집니다.

3
–
독일의 불운,
동부전선 타넨베르크 전투

동부전선의 이야기는 타넨베르크 전투(1914)에서부터 시작해 보겠습니다. 이 전투는 전쟁사를 읽어봤다 하는 분들이라면 누구나 흥미를 갖게 될 그런 전투입니다. 하지만 당시 독일군 입장에서는 악몽과 같은 전투입니다. 독일군의 불운을 아주 잘 보여주고 있거든요.

당시 독일군은 슐리펜 계획에 따라 프랑스를 빠르게 점령하기 위해 제8군단만 남겨두고 모두 파리로 향합니다. 여기까지는 성공적이었는데 막판에 삐끗하는 바람에 참호전으로 고착되면서 결국 패하고 맙니다.

한편 동부전선에서는 더욱 깜짝 놀랄 일이 벌어집니다. 러시아가 독일의 예상을 뒤엎고 너무 빠르게 공격해 온 것입니다. 그래서 독일은 파리로 향하던 1개의 군단을 급하게 돌려 러시아 쪽으로 보냅니다. 결과적으로 이 선택은 전력 낭비가 됩니다. 러시아를 막기 위해 남은 8군단이 러시아 대병력을 괴멸시키거든요. 방향을 돌려 러시아로 향하는 바람에, 가장 중요한 시기에 아무런 역할도 못하게 된 것이지요.

당시 전투에서 러시아와 독일은 전력차가 컸습니다. 러시아는 30개 보병 사단과 8개 기병 사단으로 구성되어 있는 반면, 독일은 11개 보병 사단에 1개 기병 사단밖에 없었죠. 그런데 이 전투에서 예상치 못한 결과가 나옵니다. 독일이 승리를 한 거죠. 훗날 이 사건은 8군단의 기적이라고 불립니다.

당시 독일을 침공한 러시아 군대는 1군과 2군 두 개의 군단이었습니다. 1군의 사령관은 파벨 폰 렌넨캄프 장군이었고, 2군의 사령관은 알렉산드르 삼소노프 장군이었습니다.

타넨베르크 전투

- 러시아 : 30개 보병 사단, 8개 기병 사단(20만 명)
- 독일 : 11개 보병 사단(16만 명), 11개 기병 사단(6만 명)
- 마수리호수에서 부대 분리

러시아군은 처음에는 한 덩어리로 진격해 오다가 호수를 마주하자, 각각의 장군을 따르는 두 군단으로 분리되었습니다. 위쪽으로는 레넨캄프, 아래쪽으로는 삼소노프 부대로 나뉘어서 옵니다.

처음에는 독일 8군단이 도망가려고 합니다. 왜 후퇴하려고 했느냐면 한 군데로 오는 것도 무서운데 두 군데에서 오니까, 이 당시 무슨 전이에요? 포위·섬멸전이잖아요. 그래서 포위당할까 봐 도망가려고 했는데, 참모장하고 호프만 중령이 거꾸로 '우리에게 기회가 왔다'고 말합니다. 한꺼번에 들어오면 다 섬멸할 수 없지만 나눠 들어오면 하나씩 포위하고 섬멸하면 된다고 주장하죠.

그래서 호수 때문에 양쪽으로 진격해오므로 먼저 삼소노프부터 각개 격파하자고 계획을 세웁니다. 그래서 먼저 호수 아래쪽에서 오는 삼소노프 러시아군을 향해 군대를 돌려서 보냅니다. 재미있는 건 호수가 가로막고 있으니까 러시아 군대는 도망가기도 힘들죠? 여기에서 포위당한 삼소노프는 궤멸을 당합니다.

사실 레넨캄프 장군이 와서 도와줬으면 패하지 않았을 수도 있었습니다. 하지만 도와주지 않았거든요. 이를 둘러싸고 여러 가지 가설이 제시됩니다. 하나의 설은, 두 사람이 러일전쟁에 참여했는데, 그때부터 사이가 안 좋았다는 겁니다. 레넨캄프와 삼소노프가 기차에서 주먹질하고 싸우는 걸 우연히 호프만 중령이 목격했다는 일화가 남아있지요. 그래서 삼소노프가 당해도 레넨캄프가 안 도와줄 걸 알고 이런 작전을 썼다는 설도 있어요.

또 다른 설에 의하면 독일군이 두 장군의 교신 내용을 미리 들었다는 설입니다. 당시 레넨캄프와 삼소노프가 신속하게 들어왔잖아요? 항상 신속하게 들어오면 보급선이 문제인데, 이때 레넨캄프와 삼소노프가 서로 교신하는 것을 독일에서 캐치했다고 해요. 우

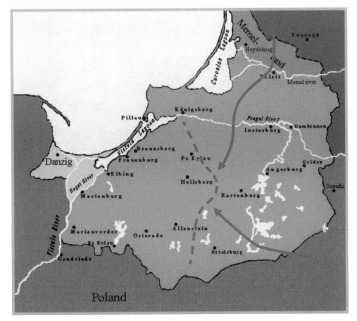

타넨베르크 전투

리도 보급이 끊어져 가고 있다. 당분간 이동이 불가능하다는 식의 이야기를 주고 받은 것을 입수했다는 거죠. 그래서 우리가 삼소노 프를 치더라도 레넨캄프가 못 올 거라는 걸 알았다고 해요.

어쨌든 독일군은 삼소노프를 섬멸한 기세를 몰아서 레넨캄프가 이끌던 군대도 박살냅니다. 이 당시 삼소노프는 황제가 나에게 큰 사랑과 영광을 줬는데 전쟁에 패해서 볼 면목이 없다며 자살했다 고 해요. 레넨캄프는 돌아가서 군적을 박탈당하고요. 둘 다 비참한 최후를 맞이합니다.

- 기병대로 1군 견제 ⇒ 2군 포위 섬멸
- 2군 지원 요청 묵살 ⇒ 3만 명 사살, 9만 명 포로
- 부대 급속 이동으로 1군 포위 공격 ⇒ 2만 명 사살, 6만 명 포로

결과적으로 이 전투에서 러시아군은 졌지만 그 밖의 전투에서는 굉장히 잘 싸웁니다. 독일을 벼랑 끝까지 몰고 갈 정도였죠.

결국 독일군은 이런 저런 양면전을 치르면서 체력이 바닥나고 보급이 불안해집니다. 그리고 끝내 1917년 미국이 독일에 선전포고를 한 이래 연합국의 반격에 독일과 독일 동맹국의 군대는 차례로 투항하게 됩니다. 1918년 연합군과 독일이 휴전을 맺으면서 약 900만 명 이상의 전사자를 낸 세기의 전쟁, 1차 세계대전의 막이 내립니다.

4
–
세기의 전쟁
제1차 세계대전의 결말

　1차 세계대전은 정말 많은 사상자를 낸 전쟁이었습니다. 이때 벌어진 전투에서 10만 명이 죽었다고 하면 그건 잘 기록되지도 않았습니다. 당시 웬만한 작은 전투에서도 그 정도 숫자는 대수롭지 않을 정도로 처참하고 큰 전쟁이었습니다. 전쟁이 일어나면 나라마다 몇 백만 명의 군인이 동원됐습니다. 몇 십이 아닌 몇 백만 명의 젊은 군인들이 싸우다가, 다시 몇 백만 명씩 죽어나간 전쟁이 바로 1차 세계대전이었습니다.

　프랑스의 철학가 루소(Rousseau, 1712~1778)는 인간은 본래 자연 상태에서는 자유롭고 평화스럽게 살아가는 존재였으나 사회 제도와 문화에 의해 불행해졌다고 말했습니다. 인간의 자유와 평등을 강조한 말이지요. 하지만 개인적으로는 영국의 철학자 홉스(Hobbes, 1588~1679)의 말이 더 와닿습니다. 홉스는, 인간은 내적 의지에 따라 자신의 이익을 위해 끊임없이 투쟁한다고 말했죠. 우리가 앞에서 살펴본 1차 세계대전의 결과는 승패를 떠나 많은 생명을 앗아가며 씻을 수 없는 전쟁의 상흔을 남겼습니다. 이 결과를 보면 인간이 자유롭고 평등하다는 말은 모두 무용한 것처럼 느껴집니다. 그러나 전쟁은 여기서 끝나지 않습니다. 1차 세계대전 후 전쟁에서 패배한 주요 4개의 제국들은 해체되거나 많은 영토를 잃는 결과를 떠안았습니다. 세계의 지도도 크게 재편됩니다. 하지만 이후 유럽 각국의 민족주의의 부활과 독일에서 발생한 파시즘으로 전운이 감돌기 시작합니다. 여러 악수(惡手)가 겹쳐지면서 제2차 세계대전이 발발하게 됩니다.

6장

인류 역사상
가장 참혹한 전쟁

제2차 세계대전

1
서부전선은 이상무

1) 제1, 2차 세계대전의 역설

제1차 세계대전이 끝난 후 독일과 러시아는 제국에서 공화국으로 변화합니다. 독일의 빌헬름 2세는 퇴위선언을 하고 네덜란드로 망명했고, 러시아의 짜르 니콜라이 2세 역시 퇴위선언에 도장을 찍고 절대왕정의 막을 내렸습니다. 이후 독일은 바이마르 공화국으로 넘어가고, 러시아는 레닌이 등장하면서 바로 사회주의 소비에트 공화국으로 변모합니다. 역설적이게도 두 제국이 벌인 전쟁은 두 나라가 공화국으로 넘어가는 계기를 만들었던 것입니다. 제2차 세계대전의 역설은 식민지 쟁탈전으로 시작했지만 세계대전이 끝난 후 대다수 식민지가 독립을 하게 된다는 것이죠.

제2차 세계대전은 아돌프 히틀러(Adolf Hitler)를 빼고는 말할 수 없을 것입니다. 히틀러가 전쟁을 잘했다고 군사적으로 높게 평가하는 사람도 있고 히틀러가 잘못해서 졌다는 사람도 있지만, 중요한 것은 당시에 일어난 전투에 대한 모든 결단을 히틀러가 내렸다는 것입니다. 특히 그가 가졌던 반유대주의, 반공산주의 신념 같은 것들이 전쟁에 미친 영향은 무시할 수가 없죠.

히틀러는 왜 전쟁을 일으켰을까요? 독일은 제1차 세계대전이 끝나면서 내부갈등이 격화되었습니다. 1919년부터 1933년까지 바이마르 공화국 시기에 수상이 14번이나 바뀔 정도였으니까요, 그래서 바이마르 공화국도 오래 유지하지 못했던 거고요. 많은 내부 분열과 갈등이 있는데, 이러한 것들을 어딘가로 분출시킬 필요가 있었다, 이런 관점에서 보면 됩니다. 분열이 있다가도 라이벌 국가와 축구경기 하면 전 국민이 하나로 똘똘 뭉쳐 응원하지 않습니까.

2) 독소불가침 조약과 폴란드 점령전

먼저 폴란드 점령전부터 한번 보겠습니다. 독자 여러분은 만일 히틀러와 스탈린 중 한 명을 택하라면 누굴 택하겠습니까? 제가 이 시대에 태어났으면 참 불행했을 것 같아요. 히틀러와 스탈린, 둘이 싸웁니다. 누구 편을 들어야 할까요?

재미있는 것은 히틀러와 스탈린이 서로 싸우기 전에 친하게 지냅니다. 1939년 8월에 모스크바에서 독소불가침 조약을 맺거든요. 이 독소불가침 조약이 서구 지식인들, 특히 좌파 지식인들에게 준

영향은 이루 말할 수가 없었습니다. 그때까지도 서구 좌파 지식인들은 기본적으로 공산당이 많았거든요. 그들은 스탈린을 굉장히 우호적인 세력으로 심지어 일부 유럽의 사회주의자들은 스탈린을 지도자라고 생각하고 있었지요. 그런데 스탈린이 히틀러와 손을 잡은 거예요. 그 충격이란 말할 수가 없죠. 그들로서는 정말 끔찍한 일이었죠.

독소불가침 조약을 맺기 전에 스페인 내전이 터졌는데, 그때만 해도 히틀러와 스탈린이 서로 다른 쪽 지원을 하면서 부딪치고 있었잖아요. 스페인 내전에서 얼마나 많은 서구의 지식인들이 스페인 공화파를 위해서 목숨을 걸고 싸웠습니까? 그 스페인 공화파를 스탈린이 도와주고 있었거든요. 실제로는 그다지 도와주고 있지는 않았지만요.

이 부분에 관해서는 제가 추천하고 싶은 책이 하나 있습니다. 조지 오웰의 《카탈로니아 찬가》라는 책인데요, 읽어 보면 당시 스페인의 공화파와 스탈린 세력과의 알력이 나옵니다. 조지 오웰이 스페인 내전에서 공화파를 위해 싸웠고 나중에 스탈린 파벌에 의해서 추방당한 이야기가 나옵니다. 대단히 재미있습니다.

어쨌든 서구의 수많은 지식인이 스페인 내전에서 공화국 편에서서 독재자인 프랑크 총독과 전투를 벌였는데, 이 프랑크 총독을 편들었던 것이 히틀러입니다. 프랑크 총독을 돕느라 히틀러가 비행기를 보내서 마을을 폭격하는 거예요. 그 폭격당하는 마을을 보고 울면서 그림을 그렸던 사람이 피카소이고, 그 그림이 바로 〈게

르니카〉라는 작품입니다. 그러니까 진보적 지식인과 스탈린이 같은 편이었고, 이 사람들의 불구대천지원수가 히틀러였죠. 그런데 어느 날 스탈린이 히틀러와 손을 잡은 거예요. 얼마나 충격이었겠습니까?

독일과 소련의 폴란드 나눠 먹기

스탈린과 히틀러가 손을 잡고 나서 한 일은 더 가관입니다. 1939년 8월 22일 독소불가침 조약을 맺고 나서, 열흘 뒤인 9월 1일에 히틀러가 폴란드로 쳐들어갑니다. 폴란드로서는 재앙이죠. 더 중요한 것은 보름 있다가 소련도 폴란드로 진격합니다. 원래 폴란드가 작은 국가가 아닙니다. 하지만 폴란드가 어떻게 소련과 독일이라는 양대 강국을 만나서 양면 전쟁을 합니까? 결국 폴란드는 독일과 소련에 의해 분할 점령당하게 됩니다. 지금도 폴란드 국민

- 1939년 8월 23일 독소불가침 조약 체결
- 1939년 9월 1일 독일, 폴란드 침공
- 1939년 9월 17일 소련, 폴란드 침공
- 폴란드 95만 명 vs. 독일 150만 명, 소련 45~80만 명
⇒ 20만 명 사상, 70만 명 포로
⇒ 카틴 숲 학살 사건(2만 2천 명 사상)
- 기갑 부대, 공군 지원
⇒ 전격적 용어 최초 사용
- 폴란드, 소련과 독일이 점령

들은 독일과 러시아 양쪽 모두에게 좋은 감정을 가지고 있지 않습니다. 그래서 폴란드가 독일이나 러시아와 축구를 하게 되면 난리가 납니다. 우리의 한일전을 생각하시면 됩니다. 저는 솔직히 그때마다 독일이나 러시아가 아니라 폴란드를 응원합니다.

폴란드 군인은 95만 명인데, 독일군 180만 명과 소련군 80만 명이 쳐들어옵니다. 이때 처음으로 기갑부대와 공군이 유기적으로 함께 쳐들어가면서 전격전이라는 용어가 최초로 사용됩니다. 무기 수준이나 군인들의 정예수준이 비교가 안 되죠.

그래서 당시 폴란드에서 20만 명이 살상당하고 70만 명이 포로로 잡힙니다. 그리고 독일과 소련이 폴란드 땅을 나눠 먹습니다.

그때 소련이 끔찍한 일을 벌입니다. 스탈린이 폴란드 사회 지도

층 인사들을 카틴 숲으로 불러 모읍니다. 2만 2천 명을 불러 모아서 카틴 숲에서 학살을 해 버리는 거죠. 폴란드의 싹을 말리겠다는 거거든요. 폴란드인들이 절대 잊지 못하는 사건이 바로 이 카틴 숲 학살사건입니다. 이때 다 학살당한 탓에 폴란드는 지도층이 없어집니다. 그런데 2010년 폴란드 대통령 부부가 카틴 숲 대학살 70주년 추모식에 참석하기 위해 타고 가던 비행기가 추락해서 대통령 부부를 포함한 탑승객 132명이 사망하는 사건도 발생합니다. 너무도 마음 아픈 일이죠.

자, 그렇다면 폴란드는 뭘 믿고 처음에 항복하지 않고 이중 전선을 감당하면서까지 전쟁한 걸까요? 맞서 싸워서 이길 수 있다고 생각했을까요? 아니죠. 프랑스하고 영국을 믿은 거예요. 폴란드에서 전쟁이 일어나면 곧바로 지원군이 들어올 걸로 생각한 겁니다. 아니나 다를까, 영국과 프랑스가 선전포고를 합니다. 폴란드는 살았다고 생각했겠죠.

그런데 아니었습니다. 선전포고만 하고 군대가 안 오는 거예요. 아주 희한하죠? 그러더니 영국 프랑스 지원군은 오지 않고 소련 군대만 밀고 들어오는 거예요 영국과 프랑스도 전면전을 원하지 않았던 거죠. 약소국의 비애라는 게 이런 겁니다. 우리도 이런 비슷한 일을 많이 당했잖아요?

아이러니한 점은 선전포고 후 평화가 1년이나 갔다는 것입니다. 제1차 세계대전을 겪어 봤으니 두려웠던 거죠. 서로 '전면전 하면 안 되는데?' 하면서 눈치만 본 것이 1년입니다. 그래서 전쟁의 불씨는 1939년에 터졌지만, 본격적인 전쟁은 1940년이 넘어서야 발발합니다.

3) 철벽 대독전선 : 마지노선

제2차 세계대전과 프랑스를 떠올리면 이 단어가 생각나죠. 바로 마지노선(Maginot線)입니다. 프랑스가 대(對)독일 방어선으로 국경에 구축한 요새선을 가리키는 단어인데, 지금도 '최후의 방어선'이라는 의미로 쓰이고 있습니다. 자, 이제부터 이 마지노선을 둘러싼 프랑스와 독일의 전투를 살펴보도록 하겠습니다.

철벽 대독전선 : 마지노선
· 프랑스 육군 장군 마지노
· 1927~1936년간 참호전 대비용 건설
· 스위스~룩셈부르크 간 총 750km
· 벨기에의 거부로 벨기에 라인 무방비

앞에서 다루었던 제1차 세계대전에서 참호전이 처음 등장했었습니다. 그리고 2차 세계대전에서도 참호전이 등장합니다. 프랑스

마지노선(Maginot Line)

는 1927년부터 독일과의 국경선에 마지노선을 쌓았습니다. 오른쪽 지도에 표시된 라인을 따라 참호를 콘크리트로 도배하고, 여기에 기관총과 야포를 설치를 해놓은 거죠. 곳곳의 참호를 전부 지하통로로 연결을 해놓은 거예요. 제2차 세계대전에는 탱크가 있으니보통의 참호로는 방어를 할 수가 없습니다. 탱크를 몰고 와서 그냥밀어 버리면 되니까요. 하지만 이 마지노선은 아무리 탱크라도 못건넙니다. 콘크리트 덩어리니까요. 또한 프랑스는 그 콘크리트 덩어리 사이 사이에 포나 기관총을 설치할 계획을 세웁니다. 이는 당시에 이미 세계 최강으로 알려진 독일의 기갑부대를 막기 위한 프랑스 나름의 최선의 전략이었다고 볼 수 있습니다.

　제1차 세계대전 당시만 해도 독일은 탱크를 보유하고 있지 않았습니다. 원래는 제2차 세계대전에서도, 1783년 9월에 영국과 프랑스가 미국 독립 전쟁의 종결에 관하여 맺은 베르사유 조약 때문에 탱크를 만들지 못했습니다. 그런데 히틀러가 정권을 잡으면서 탱크를 만들기 시작했죠. 러시아 군에서 배운 기술로 만든 탱크로 나중에 러시아를 쳐들어가게 되니 아이러니 한 거죠.

　프랑스는 마지노선을 만들어 놓고, 독일이 절대 뚫지 못할 거라고 자신만만해 했습니다. 그리고 마지노선에 100만 대군을 배치하여 철통같이 지키죠. 그러나 적의 상황을 예의주시하던 독일은 당연히 마지노선을 피해 빙 돌아갑니다.

　독일이 벨기에를 통해서 돌아갈 것을 알고 있던 프랑스는 사실, 벨기에 국경까지 마지노선을 구축할 계획을 세우기도 했습니다. 하지만 벨기에의 반대로 실행하지 못합니다. 프랑스 입장에서는 아쉽긴 했지만, 벨기에가 제1차 세계대전 때도 처음엔 밀리는 듯 하다가도 잘 싸운다는 것을 생각해 내죠.

　사실 그건 2차 세계대전 때에도 마찬가지였습니다. 그래서 마지노선 대신 벨기에 뒤쪽에 백만 대군을 배치한 거예요. 프랑스 군대는 100만 명이 마지노선을 따라 배치되어 있고 또 100만 명이 벨기에 뒤쪽에 주둔하고 있는 거죠.

4) 독일의 전격전과 덩케르크 대탈출

자, 그러면 이제부터 독일이 이 문제를 어떻게 해결해 나가는지 살펴보겠습니다. 이전에 낫질작전으로 벨기에 쪽으로 돌아갔던 것 기억나시죠? 가장 멀리 바깥쪽으로 돌아갔던 우익부대가 제일 강했기 때문에 프랑스 군은 독일군이 우익으로 우회하는 것에 촉각을 곤두세우고 있었습니다. 그런데 마침내 독일군이 우익으로 움직이는 조짐이 보입니다. 그러자 프랑스군도 '짐작대로군, 오케이!'

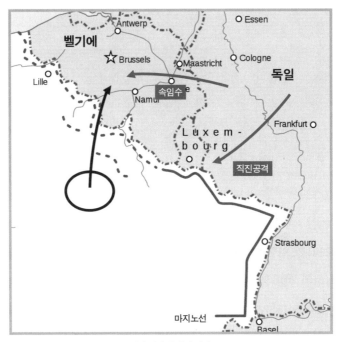

만슈타인의 낫질 작전

하면서 100만 대군을 그 부근으로 보냅니다. 여기서 재미있는 일이 터지죠. 그게 알고 보니 독일의 속임수였던 것입니다. 독일군은 돌아서 오지 않고 직진을 합니다.

만슈타인의 낫질 작전

· 벨기에 북부 전선 침공
· 100만 대군 투입으로 대치
· 독일-기갑부대로 아르덴 숲 돌파

프랑스는 독일이 직진해서 올 것을 예상하지 못했습니다. 거기에는 아르덴 숲이 있거든요. 제1차 세계대전 때도 그곳으로는 아무도 가지 않았습니다. 더구나 독일은 기갑부대였기 때문에 프랑스는 독일이 절대 숲을 지나지는 않을 거라 생각했죠. 그런데 이 모든 상황을 예상한 독일군이 전격적으로 숲 쪽에서 밀고 들어온 거예요. 그리고 프랑스군 뒤로 돌아가서 포위 섬멸전을 벌입니다. 그리고 마지노선도 파괴해 버리죠.

이렇게 되자 살아남은 프랑스와 영국군 34만 명이 칼레로 도망을 갑니다. 이들을 추격해서 섬멸하면 되는데 히틀러가 이틀을 쉽니다. 1차 세계대전이나 2차 세계대전이나 독일군이 중간에 쉬는 바람에 일이 꼬이고는 합니다. 이 황금같은 이틀 동안에 칼레도 도망간 영국군과 프랑스군은 영국으로 도망가서 전력을 재정비할 시간을 갖게 되지요. 이것도 전쟁사의 미스터리입니다. 왜 히틀러는 칼레로 도망간 사람들을 섬멸하지 않았을까요? 어떤 사람은 너무 큰 성공에 히틀러가 도취되어 있었다고 합니다. 그럴지도 모릅니다. 또 어떤 사람들은 '칼레로 가면 영국과의 전면전을 피할 수 없다' '아직은 영국과의 전면전은 피해야돼'라고 생각했던 것이 아닐까라고 조심스럽게 추측했습니다.

전략도 기발했지만 당시 독일이 승리할 수 있었던 더 근본적인 이유는 바로 전격전을 실시한 것입니다. 전격전을 간단히 설명하자면 비행기가 제일 먼저 날아가서 방송국, 통신사, 교통요지 등을 폭격해서 서로를 연락할 수 있는 통신을 끊어 버립니다. 그리고 수송기가 들어가서 요충지에 공수부대를 떨어뜨립니다. 공수부대가 도시를 헤집어 혼란스럽게 만든 후에 뒤에 탱크가 들어갑니다. 독일군 특징이 보병을 중심으로 한 기갑부대가 아니라 기갑부대 자체가 들어갑니다. 보병들은 그 후에 들어가서 나머지를 정리합니다. 이것이 바로 전격전입니다.

이렇게 하면 이긴다는 것을 다른 나라에서는 몰랐을까요? 그렇지는 않았을 겁니다. 전격전은 아느냐 모르느냐가 중요한 것이 아니라, 실전 경험을 통해서 얼마나 유기적으로 공격하느냐가 중요합니다. 전격전이 멋있어 보이지만, 따로따로 가면 다 모자라거든요. 비행기는 방공포대에 걸리면 포격으로 추락하고, 공수부대도 미리 적군이 대기하고 있으면 섬멸됩니다. 기갑부대나 보병만 들어가면 이길 수 없습니다. 따로따로 가면 효과가 없죠. 그런데 독일은 전쟁경험이 많기 때문에 타이밍을 잘 맞춘 거예요. 히틀러 자체가 1차 세계대전 때 실전 경험이 많았던 하사관 출신이잖아요. 전쟁은 경험으로 좌우되는 것이 많거든요. 그렇다 해도 히틀러도 사실 파리가 이렇게 빨리 함락될 줄은 예상하지 못했을 겁니다.

아르덴 숲 작전과 전격전이 모두 성공하면서 프랑스가 한방에 무너지고 맙니다. 당시에 그나마 다행인 것은 살아남은 군대가 영국으로 무사히 탈출했다는 거죠. 덩케르크 대탈출 덕분에 군대를 재건하고, 이후 설욕의 기회를 잡을 수 있었으니까요.

덩케르크 대탈출

덩케르크는 칼레 섬 바로 옆에 있는데, 지금도 영국에는 덩케르크 정신이 있습니다. 항복하지 않고 끝까지 버티는 정신, 어떻게든 살아남아서 역전을 하고자 하는 마음을 덩케르크 정신이라고 표현합니다.

반면에 '이탈리아 군대'라는 조롱 섞인 표현도 있습니다. 서부전선에서 독일이 프랑스에게 큰 승리를 거두잖아요? 그러자 이태리의 무솔리니도 프랑스가 욕심납니다. 독일에 이태리의 총 부대 50만 명을 집결시켜서 프랑스로 쳐들어갑니다. 이 당시 프랑스에는 뭐가 있겠습니까? 고작 2개 사단이 있습니다. 하지만 2만 명의 프랑스 군대에게 이탈리아 군대가 전멸당합니다. 오히려 프랑스의 2개 사단이 거꾸로 이탈리아로 쳐들어가려고 해요. 그런데 프랑스가 항복하는 바람에 못합니다.

덩케르트 대탈출
· 영국, 프랑스 34만 명 구출 작전
· 프랑스 2개 사단 철수 지원
· 영국의 덩케르트 정신

그래서 제2차 세계대전 당시 이탈리아군은 비웃음거리였습니다. 싸우기만 하면 모두 졌기 때문입니다. 실제로 이탈리아군은 제2차 세계대전에서 제대로 승리한 전투가 별로 없습니다. 히틀러가 얼마나 골치가 아팠겠어요? 이탈리아가 하도 전쟁을 못하니까, 나중에 히틀러가 로마 방어전쟁을 치릅니다. 예로부터 기강이 해이해진 군대를 '당나라 군대'라고 하죠? 제2차 세계대전에서도 같은 맥락으로 '이탈리아 군대'라는 표현이 나옵니다.

5) 최초의 승리, 영국 본토 항공전

당시 독일은 유럽 대다수의 지역을 점령하고, 영국을 남겨두고 있었습니다. 영국에 배를 타고 들어갈까? 고민했지만 그것이 좋은 선택이 아니라는 것을 독일도 알고 있었습니다. 이 당시 영국 해군과 싸워서 이길 수 있는 나라는 존재하지 않았으니까요. 그래서 히틀러는 수천 대의 항공기를 동원해서 영국을 폭격합니다. 독일의 항공기 생산 능력이 뛰어났기 때문에 가능한 일이었죠. 하지만 영국도 이에 지지 않고 항공기를 동원합니다. 이 전투가 바로 2차 세계대전의 판세를 뒤흔든 영국 본토 항공전입니다. 그리고 이 전투에서 영국은 처음으로 독일을 이깁니다.

영국 본토 항공전(Battle of Britan)

· 1940년 10월, 사상 최초 공군력만으로 벌인 대규모 군사작전
· 영국 본토를 침공을 위한 히틀러의 바다사자 작전→항공전 패배로 포기
· 결과 : 영국의 승리
 - 독일 1천 9백여 대 격추(2천 5백여 명 사망)
 - 영국 1천 7백여 대 격추(1천 5백여 명 사망)

영국 항공 전투 이후 윈스턴 처칠은 "역사상 이렇게 많은 사람이 이렇게 소수에게 빚을 진 적이 없었다"고 말하며 참혹한 전쟁을 이겨낸 사람들의 노고를 칭송하기도 했습니다. 여기서 소수는 바

로 항공기 조종사들을 말합니다. 지금도 그렇지만 이 당시에는 항공기 못지않게 항공 조종사의 역할이 무척 중요했습니다. 당시 전투에서 독일과 영국이 동원한 전투기는 거의 몇 천대에 가까웠습니다. 그러니 얼마나 많은 조종사가 필요했겠습니까. 항공기야 격추되면 다시 또 금방 만들어내면 되지만 숙련된 조종사는 쉽게 양산해 낼 수 없기에 귀중했습니다. 그러나 안타깝게도 이 전투에서 많은 수의 조종사들이 운명을 달리했죠.

영국 본토 항공전은 전초전 격인 도버해협 상공에서의 전투와 더불어 영국 본토 내에서 여러 차례 치열한 전투가 벌어집니다. 히틀러의 바다사자 작전, 영국 본토 항공전을 주도한 2인자 헤르만 괴링의 노력에도 불구하고 독일은 패전하게 되죠. 영국은 승리했지만 많은 인적, 물적 피해를 막을 수는 없었습니다.

결과적으로 영국 본토 항공전의 승리는 영국에 돌아갔습니다. 그렇다면 영국의 승리할 수 있었던 이유는 무엇이었을까요? 승리의 첫 번째 요인은 독일 상공이 아니라 영국 상공에서 싸웠다는 데 있습니다. 쉽게 말해, 영국군은 격추돼도 낙하산을 타고 탈출에 성공할 경우 전투기를 갈아타면 다시 싸울 수 있습니다. 하지만 독일군 조종사는 어찌되었든 영국군을 만나 죽거나 포로가 될 수밖에 없습니다. 그렇게되면 독일은 비행기뿐만 아니라 조종사도 잃는 것이지요.

두 번째 요인은 당시의 비행기 성능에 있었습니다. 제2차 세계대전 때의 전투기는 장거리 비행 능력이 크게 발달하지 않았습니다. 따라서 독일에서 출발한 독일공군이 영국 본토에서 출발한 영국공군과 싸울 때 불리할 수밖에 없었습니다. 기름이 유한한 독일군은 비행시간도 짧을 수밖에 없었습니다.

독일의 전투기

사실 이 전투의 초반까지만 해도 영국이 승리할 것이라고 아무도 예상하지 못했습니다. 독일의 전투기 숫자가 훨씬 많았기 때문입니다. 하지만 양보다 질이라는 말이 있듯, 영국의 항공기 성능이 더 좋았다고 합니다. 레이더가 있어 훨씬 유리했다고 하죠. 또한 독일의 암호체계인 에니그마를 해독한 것도 영국의 대표적인 승리의 요인일 것입니다. 어쨌든 이후 독일은 다시는 영국 항공에서 공중전을 구사하지 못하게 됩니다.

이처럼 영국 본토 항공전은 독일에 대한 영국의 첫 승리이자, 독일에게 처음으로 패배의 쓴 맛을 보여준 전투로 기록됩니다.

2
─
지옥은 결코 멀리 있지 않다 : 독소전

'여기 들어오는 자, 모든 희망을 버려라.' 단테의 《신곡》에 나오는 유명한 구절입니다. 지옥문 입구에 쓰여 있다고 하죠. 여기, 2차 세계대전에서도 지옥을 떠올릴 만한 전투가 있습니다. 인류 역사상 가장 대대적인 전쟁이자 가장 참혹했던 전쟁이 바로 독소전

독소전쟁

입니다. 물론 전쟁은 하나도 빠짐없이 모두 지옥 같지만, 독소전만큼 그 이름에 걸맞은 전쟁이 있을까요? 지금 바로 독소전에 대한 이야기를 시작합니다.

독소전을 치르면서 독일군은 모스크바의 추위와 싸워야 했습니다. 얼마나 추웠는지, 독일군들이 러시아군을 한 명이라도 죽이면 제일 먼저 하는 것이 시체의 옷부터 벗기고 신발을 차지하는 것이었다고 합니다. 동상에 안 걸려야 살아남으니까요. 얼마나 참혹한 전쟁이었는지를 알 수 있습니다.

1) 히틀러는 왜 소련을 침공했을까?

히틀러가 처음에 소련으로 쳐들어갈 때 300만 명의 군대를 동원합니다. 100만 명씩 3군단으로 나누어서 쳐들어갑니다. 나중에는 추축국 전부를 합쳐 총 1,800만 명이 동원되고, 이에 소련은 3,400만 명으로 맞섭니다. 말이 그렇지, 군인들의 숫자가 1천만이면 얼마나 어마어마한 숫자인지 감이 오십니까? 1천만 명이면 오늘날 서울시민 전체 아닙니까. 소련군은 군인만 760만 명 이상이 사망하고, 포로만 520만 명에 달했던 전쟁입니다. 이것이 바로 독소전쟁입니다. 전쟁의 비극이란 비극은 다 보여 주는 전쟁이지요.

제2차 세계대전 최고의 승리자는 미국인 것처럼 보이지만 실은 소련이라고 할 수 있습니다. 2차 세계대전후 동유럽을 자신들의

영향력하에 놓게 될 뿐만 아니라 발언권도 높아져 미국과 양강구
도를 만들어 내기까지 하니까요. 자 이제 독일의 동부전선 독소전
쟁에 대해 알아보기로 하죠.

독소전쟁의 쟁점

· 히틀러는 왜 소련을 침공했나?
· 선진공업국 독일과 후진농업국 소련의 전쟁?
· 소련은 어떻게 히틀러를 물리쳤나?

히틀러는 왜 소련을 침공했을까요? 여러 설이 있지만 저는 이
렇게 생각합니다. 히틀러는 전쟁을 하면서 본질을 깨달았을 겁니
다. '이것은 세계 전쟁이다. 세계를 끝장내지 않고서는 안 된다.'고
요. 이 당시 히틀러는 스탈린과 군사동맹을 맺고 있었습니다. 독일
은 프랑스는 이겼지만 영국과는 교착 상태에 빠져 있었습니다. 그
리고 잊지 않고 있었던 것이 1차 세계대전 때 미국의 개입입니다.
히틀러가 바보가 아닌 이상, 미국이 지금은 중립의 입장을 취하고
있지만 언젠가 프랑스와 영국의 편을 들어서 독일을 쳐들어올 거
라고 짐작했겠죠.

미국이 전쟁에 개입했을 때 제일 문제되는 것이 무엇일까요?
전쟁에서 가장 피하고 싶은 것은 이중전선이죠? 미군이 본색을 드
러내면 스탈린도 돌아서서 뒤통수를 칠 거라 생각합니다. 그래서

스탈린에게 뒤통수 맞느니 먼저 소련을 점령해서 이중전선을 방지하겠다는 거죠. 또한 우크라이나 근처에는 광범위하게 매장되어 있는 석유가 있습니다. 전격전도 하루 이틀이고, 언젠가 해야 할 총력전에서 이기려면 자원을 확보하는 일이 가장 중요하다는 것을 히틀러도 알고 있었을 겁니다. 우크라이나의 곡창지대와 그 아래 광범위하게 매장되어 있는 석유를 확보해 두면, 미국과의 전쟁에서도 승리할 수 있을 거라고 생각하지 않았을까요?

만약 지금처럼 소련과 평화를 유지하고, 영국과 프랑스가 독일 수중에 떨어진다면 미국이 가만히 있을까요? 미국은 100% 지원하고 전쟁에 참여할 것입니다. 그렇다면 미국과의 전쟁 전에 우환거리인 소련을 제거하고 자원도 확보하는 것이 일거양득이라고 판단했겠지요. 물론 그것이 히틀러의 결정적인 패착이 되었지만요.

히틀러의 소련 침공 이유

· 히틀러의 저서 《나의 투쟁》에서 '독일인을 위한 넓은 생존권이 필요하니, 이를 위해 동쪽의 영토가 필요하다'고 서술
· 서부전선에서 이룬 대성공에 힘입은 자신감
· 공산주의와 유대인에 대한 극도의 반감
· 미군 참전 시 동서양전 수행의 곤란함 ⇒ 소련 조기 정복의 전략적 필요성

이런 요인들과 더불어 개인적인 생각으로는 히틀러가 서부전선

에서 쉽게 이겨서 병력손실이 없었던 것도 하나의 원인이라고 생각합니다. 자신감도 있었겠죠. 그리고 히틀러는 공산주의자와 유태인을 엄청 싫어했거든요. 특히 히틀러는 소련이라는 나라를 유태인과 공산주의자가 만든 나라라고 생각했습니다. 사실은 마음 깊이 이 세계에서 가장 사라져야 할 나라로 소련을 생각하고 있었습니다.

2) 스탈린의 대숙청과 독소전의 배경

히틀러와 스탈린, 두 독재자의 전쟁이 본격적으로 시작됩니다. 결과적으로 소련이 이겼죠. 소련이 독일을 이겼다는 사실에 대해 많은 사람이 '가장 강력한 공업국이었던 독일을 농업후진국 소련이 어떻게 이겼을까?'라는 사실에 의문을 갖습니다. 그런데 이런 생각은 편견에 지나지 않습니다. 사실 소련은 이 당시 농업후진국이 아니었습니다. 레닌이 1917년 혁명 이후 자본주의적 요소를 가미한 신경제정책(NEP)을 도입해서 성과를 거두었고, 스탈린이 경제개발계획을 추진하면서 상당한 공업화를 이루었거든요.

스탈린은 독재자지만 경제발전 부분에 있어서는 인정을 받습니다. 스탈린 집권 시절 소련은 연평균 12~15%의 경제성장률을 20년 이상 유지합니다. 그런데 스탈린의 발전 전략은 철저하게 농민의 희생을 바탕으로 한 저곡가 중공업 우선 정책입니다. 일반적으로 경제발전 전략을 짜게되면 농업 → 경공업 → 중공업의 발전단계를 상정을 합니다. 바로 중공업으로 가지 못하는 이유는 기술적인 문제도 있으나 경공업 기반이 없으면 소비 부족에 시달리고 고용창출을 제대로 할 수 없기 때문에 그렇습니다. 그런데 스탈린은 그런 문제를 농민과 대다수의 러시아 인민의 희생을 바탕으로 농업 → 중공업으로 가는 발전전략을 취합니다.

어쨌든 소련 공업이 급속도로 발전해서 개전 당시 러시아의 경제규모는 이미 GDP 기준 세계 2위로 올라섰습니다. 당시 소련은 농업후진국이 아니라 상당한 수준에 올라와 있는 공업선진국이었던 것입니다.

소련은 농업후진국
· 러시아 혁명 이후 소련 공업의 급속 발전 · 개전 당시 러시아의 경제력은 세계 2위(1위 미국) · 항공기, 전차 등 무기 수준이 독일에 비해 우위 · 적백내전 등으로 우수한 실전 경험(종심교리) · 스탈린의 대숙청 작업으로 고참 장교 전멸

항공기, 전차 등 무기수준이 이미 독일에 비해 우위에 있었습니다. 거기다가 소련은 1차 세계대전의 경험과 더불어 사회주의 혁명 이후 적백내전의 경험을 통해 충분한 실전 훈련을 가진 군대였습니다. 많은 군대와 무기, 그리고 높은 무기수준에 실전경험까지 사실 소련군이 독일군에 승리를 거둔다 해도 하나도 이상할 게 없는

상황이었습니다.

사실 1930년대에는 전 세계가 소련 사회주의를 배우려고 난리가 납니다. 우리 독립투사들도 그랬고요. 안에서는 어떤 독재를 행하는지 몰랐지만, 스탈린의 비약적 경제성장을 외부에서 볼 때는 바람직한 경제발전을 하고 있는, 성공적인 사회주의 모범국가가 소련으로 비춰지던 시대였습니다. 그리고 그것이 일견 맞았고요.

이쯤 되니 궁금해지죠? 항공기나 무기가 독일에 비해서 월등하고 경제수준도 높았는데 처음에는 왜 이기지 못했을까요? 가장 큰 원인 중 하나가 스탈린의 대숙청입니다. 히틀러가 유태인 600만 명을 학살한 것은 잘 알려져 있지만 스탈린이 그 못지 않은 사람을 숙청한 것은 잘 알려져 있지 않습니다. 특히 스탈린은 자신의 통치를 강화하기 위해 대대적인 군부 숙청을 단행합니다. 그 와중에 유능한 장군과 장교 대다수가 사라지게 되고 그 자리에는 무능하거나 실전 경험이 없는 군인들이 들어서게 됩니다.

이오시프 스탈린(Joseph Stalin)

· 투하쳅스키 참모총장 총살 : 소련군 종심전투 이론 주창자
· 원수 5명 중 3명, 사령관 15명 중 13명, 사단장 195명 중 110명, 여단장 406명 중 186명, 국방차관 11명 전원, 군사위원회 위원 80명 중 75명 총살
· 핀란드 전쟁 대패, 독소전 초기 대패배가 원인

사령관 15명 중 13명, 국방차관 11명 전원, 군사위원회 위원 80명 중 75명을 숙청하여 죽여버렸으니 전쟁을 이끌 고참 장교가 남아 있겠습니까? 스탈린이 숙청한 인물 중에는 투하쳅스키 참모총장도 있었습니다. 그는 수많은 전선에서 군사령관으로 활약하고, 특출한 군대 조직능력과 지휘력으로 '붉은 나폴레옹'이라 불리기도 한 군인이었습니다. 독일의 전격전과 비슷한 소련군 중심타격이론을 개발한 유능한 군인을, 백군 출신이라는 이유로 총살한 것입니다. 그뿐 아닙니다. 당시 숙청이 어느 정도였느냐면, 레닌이 죽고 처음 전당대회가 열렸을 때 수천 명의 인민대의원이 참석했거든요? 그런데 스탈린이 마지막 전당대회를 열었을 때, 처음 참석했던 사람 중 단 두 명만 참석합니다. 나머지는 다 숙청 당했습니다.

히틀러가 왜 소련군을 만만하게 보고 쳐들어갔을까요? 그 이유는 히틀러가 소련-핀란드 전쟁을 목격했기 때문이라고 합니다. 1939년 9월에 독일이 폴란드를 공격하자 소련은 영토분쟁을 빌미

로 핀란드를 공격합니다. 핀란드와 소련이 싸우면 누가 이겨야 합니까? 당연히 소련이 가볍게 이겨야 합니다. 핀란드 군대는 5만 명이고 소련은 100만 명이었습니다. 핀란드는 지금도 인구가 600만 명 정도밖에 안 되는 소국이고, 소련은 3억의 인구를 가지고 있잖아요. 군대도 인구도 50배가 많은데, 전쟁 초기에 싸우는 족족 패했습니다.

핀란드와의 전쟁에서 소련 군대를 가장 괴롭혔던 것은 역설적으로 추위였습니다. 핀란드군을 우습게 보고 여름에 쳐들어가 겨울이 오기전에 끝낼껏으로 여긴 소련군은 제대로 된 월동장비 없이 핀란드에 쳐들어 왔다가 소련보다 더 심한 추위를 만나죠. 게다가 소련에는 없는 게릴라 부대인 '스키 부대'를 만나면서 소련군은 악전 고투를 벌입니다. 결국은 승리같지 않은 승리를 거두기는 하지만 이 과정에서 소련군이 종이 호랑이라는 사실이 만천하에 드러나게 됩니다.

3) 바르바로사 작전, 소련의 참패

독일은 1941년 6월 22일 새벽, 380만 명의 대군을 이끌고 소련을 기습합니다. 이것이 바로 바르바로사 작전이죠.

히틀러는 바르바로사 작전을 개시하며 군대를 셋으로 나눕니다. 북부집단군은 레닌그라드로, 중부집단군은 모스크바로, 남부집단군은 남부의 유전과 자원을 노리고 키예프로 진격합니다. 전차는 3천 6백 대에 항공기 4천 4백 대에 이르는 거대한 병력이었습니다. 하지만 소련군은 더 대단한 병력을 가지고 있었습니다. 소련군은 전차 1만 5천대와 항공기 8천대를 보유하고 있었습니다. 성능도 더 좋았습니다. 그런데 독소전(독일-소련의 전쟁) 초기, 소련군은 전략도 없고 전술도 없었습니다. 전략과 전술을 세울 사람들이 다 숙청당해서 죽었잖아요. 게다가 소련군의 성능 좋은 탱크는 보병 지원용 탱크입니다. 그런데 독일은 러시아와의 전격전으로부터 교훈을 얻어 탱크부터 밀고 들어옵니다. 소련군은 순식간에 궤멸하고 맙니다.

전투 초기에 소련군은 이렇게 무기력하게 집니다. 결과부터 보면 독일군은 16만 명이 죽고 소련군 역시 56만 명이 죽습니다. 독일에 포로로 잡혀간 소련군의 숫자는 무려 330만 명입니다. 그런데 생각해 보세요. 보급 때문에 독일 군대가 먹을 식량도 없는데 소련군 330만 명을 어디에 수용을 했겠습니까? 포로수용소겠지요. 많은 인원을 한 곳에 몰아넣었으니, 제네바 협정의 규정에 따라 제대로 된 포로 대우를 해주지는 못했을 겁니다. 자료에 따르면 1942년까지 그 포로들 중 200만 명 이상이 죽었다고 합니다. 당시 독일군에 잡힌 영·미 포로의 사망률이 3-5%였던 것에 비하면 독일군이 소련군 포로를 어떻게 대우했는지를 알 수 있을 겁니다. 상황이 이렇다 보니 상대편 역시 항복 대신 결사항전을 할 수밖에 없었을 것입니다. 이후로도 독일과 소련 두 진영 간의 이러한 양상은 악순환

바르바로사 작전

바르바로사 작전(1941년 6월)

· 독일군의 3개의 군대의 진격 방향
  - 북부집단군 -〉 레닌그라드
  - 중부집단군 -〉모스크바
  - 남부집단군 -〉키예프
· 독일군
  - 총 380만 대군
  - 전차 3,600대, 항공기 4,400대
  - 전투 결과 : 전사 25만 명, 부상 50만 명
· 소련군
  - 총 방어 병력 290만 명
  - 전차 1만 5천대, 항공기 8,000대
  - 전투 결과 : 전사 56만 명, 부상 및 실종 260만 명, 포로 330만 명

처럼 계속되었습니다.

한편 소련의 또 다른 패배의 원인은, 독일에 대한 안일한 믿음에 있습니다. 스탈린은 독소불가침 조약이 상당히 오래 갈 것으로 생각했습니다. 전쟁이 발발할 당시까지 소련이 독일에게 전쟁 물자를 판매했다는 것을 보면 알 수 있습니다. 이건 마치, 당장 내일 쳐들어올 적군에게 물자를 보내서 아군의 패배를 부추기는 것과 다름 없었죠. 실제로 그랬습니다.

독일을 얼마나 믿었는지, 맨처음 소련은 침공한다는 말을 듣고도 그 사실을 믿지 않았어요. 영국에서 만들어 낸 소문이라고 생각했거든요. 독일과 러시아를 이간질하려는 속임수이니, 괴소문을 전달한 사람이 어느 나라 말을 쓰는 지 확인하려 했습니다. 소련은 그렇게 시간을 허비하다가 제대로 대응도 하지 못하고 독일 공군의 폭격을 그대로 당합니다. 항공기는 물론 기갑부대와 탱크도 마찬가지였죠.

스탈린 역시 히틀러를 믿지 못했습니다. 그래서 스탈린 역시 독일과의 국경에 수백만 대군을 배치하고 있었죠. 이 군대가 배치된 라인을 '스탈린 라인'이라고 합니다. 하지만 이 스탈린 라인은 다음의 세 가지에 의해 아주 쉽게 무너져 버리고 맙니다. 소련 지휘부의 부재와 독소 불가침 조약이 상당기간 지속될 것이라는 스탈린의 오판과 총 지휘관이었던 히틀러에 의해서 말이죠. 330만 명의 포로는 그렇게 해서 생겨난 겁니다.

4) 모스크바 공략전, 주코프의 반격

사실 모스크바 공방전에서 독일군이 패할 거라는 생각은 아무도 하지 않았습니다. 심지어 스탈린까지 수도 이전 계획을 세워서 준비했을 정도니까요. 왜 아무도 예상하지 못한 걸까요? 당시의 군 병력을 비교하면 독일군 192만 명이고, 소련군은 125만 명입니다. 예비군과 의용군이 포함된 소련군 125만 명이, 기갑부대로 무장한 독일의 정예군을 상대로 승리하리라고는 당연히 그 누구도 상상하지 못했던 것입니다.

그런데 모스크바 공방전의 결과는 소련의 승리입니다. 이때 독일의 패배의 원인으로 대부분 모스크바의 추위를 이야기합니다. 틀린 말은 아니지만, 추위 때문만은 아닙니다. 독일에게 패배의 원인을 제공한 것은 바로 가을장마였습니다.

모스크바는 우리와 달리 가을장마가 있습니다. 두 나라의 공방전이 있을 무렵 '라스푸티차', '진흙의 계절'이라고 불리우는 시절이 시작됩니다. 말 그대로 모든 길이 진흙탕이 돼 버립니다. 당시 독일의 차는 우수했지만 진흙탕 길에서는 움직일 수 없었습니다. 만약 차가 진흙에 빠지기라도 한다면 사람들이 달려들어 꺼내야 합니다. 그런데 이때 적군이 반격이라도 한다면 속수무책이 되겠죠.

다른 길을 찾을 수도 없습니다. 당시의 모스크바의 포장도로는 전차와 무거운 차량이 지나다닌 터라 망가질 때로 망가진 상태였습니다. 따라서 보급을 하려면 비포장도로를 택할 수밖에 없었죠.

하지만 진흙탕 길에서 보급이 제대로 될 리가 없지요. 역설적이게도 소와 말로 보급을 하고 있던 소련군의 보급이 독일군보다 훨씬 원활하게 진행됩니다. 그리고 앞서 우려한 것처럼 독일군이 진흙에 빠진 차를 꺼내려고 끙끙거리고 있을 때, '파르티잔'이라고 불리는 소련군 게릴라가 출동합니다. 이렇듯 독일군은 낯선 기후와 진흙길과 파르티잔을 상대로 보급에 어려움을 겪으면서 점차 세력이 기웁니다.

엎친 데 덮친 격으로 겨울이 되었습니다. 모스크바의 추위는 유명하지요. 하지만 이 사실을 잘 몰랐던 독일 장교들은 추위로 땅이 얼어붙자 좋아했다고 합니다. 왜냐하면 진흙밭에서는 제대로 움직일 수 없었던 전차가 땅이 굳어지면 움직일 수 있다고 생각했기 때문이지요. 그런데 문제는 독일의 기갑부대는 서유럽의 프랑스를 상대하기 위해 만들어졌지, 러시아를 상대하기 위해 만들어진 것이 아니었다는 겁니다. 부동액은 부족했고, 추위가 심할 때는 얼마 없는 부동액조차 얼어붙어 버렸습니다. 쉽게 말하자면, 부산 사시는 분 중 겨울에 서울로 차를 가지고 올라왔다가 엔진 터지는 경험을 해 보신 분 있으실 겁니다. 부산에서는 겨울에 영하로 떨어지는 일이 거의 없어서 부동액을 넣지 않아도 문제가 발생하지 않죠. 서울과 부산의 온도 차이를 깜빡할 경우 발생할 수 있는 사고입니다. 그런데 이와 똑같은 일이 발생한 겁니다.

심지어는 독일 전차의 포신 안에 얼음이 얼어 붙습니다. 포탄이 나갈 리가 없지요. 조준경에는 서리가 끼어 볼 수 없게 됩니다. 겉으로는 멀쩡해 보여도 전차의 기능이 제대로 발휘될 수 없겠죠. 더 중요한 문제는 이 전차를 조종해야 할 군인에게 발생했습니다. 당시 독일군은 겨울인데도 여름 군복을 입고 있습니다. 대부분의 군인이 살갗이 얼어붙는 동상과 전쟁을 벌입니다. 겨울 군복을 입고 있는 군인들은 대부분 전투 중 사망한 소련군의 군복을 뺏어 입은 겁니다. 이런 열악한 상황에서 과연 승리할 수 있을까요?

한편 소련에는 전쟁영웅 게오르기 주코프(1896~1974)가 등장합니다. 원래 주코프는 일본군의 침입에 대비해서 시베리아쪽, 즉(러시아 입장에서) 동부전선을 책임지고 있던 장군입니다. 1939년 이미 내몽골 지방에서 일본관동군의 침략을 효율적으로 저지했던 주코프 장군은 스탈린의 명을 받아 모스크바 공방전의 책임자가 됩니다. 당시 스탈린은 일본군이 소련이 아닌 미국을 공격할 것이라고 판단했습니다. 주코프는 모스크바 보다 더 추운 몽골과 시베리아 지역의 기갑부대 사령관이었으니 그 말을 믿을만도 했죠. 결국 그는 독일군의 진격을 대비해 군사를 소집했습니다. 그리고 추위가 절정에 달했을 때 진격 명령을 내리지요.

후방에서 생산된 소련군의 T34 전차(제2차 세계대전에서 활약한 구소련의 중전차)가 몰려옵니다. 그리고 예상을 훨씬 뛰어넘는 강력한 힘을 가진 소련군의 공격이 시작됩니다. 당연하지만 그들은 혹독한 추위를 이겨내고 싸울 수 있도록 훈련된 군사였습니다. 독일군은 전쟁 개시 이후 처음으로 대패를 기록합니다. 히틀러의 사수 명령

에도 불구하고 결국 후퇴를 하게 됩니다. 이렇게 모스크바 공방전
은 전격전에 강했던 독일군 최초의 실패 사례로 역사에 기록되었
습니다.

게오르기 주코프(Georgy Zhukov)

하지만 과연 모스크바 공방전에서 실패한 이유가 가을장마와
추위 때문이었을까요? 개인적으로는, 가을장마와 추위의 혹독함
을 알았으면서도 군대를 철수시키지 않고 끝까지 밀어붙인 독일군
지휘부의 책임이 더 크다고 생각됩니다.

앞에서 말씀 드렸지만 독일군은 3개의 군단으로 나누어 소련으
로 진군했습니다. 북부군은 레닌그라드, 중부군은 모스크바, 그리
고 남부군은 키에프를 목표로 했습니다. 그런데 키에프의 전 소련
사령관은 주코프였습니다. 주코프가 군양성을 잘해서 넘겨주었던
탓인지 유독 독일 3군 중 남부군이 고전을 하게 됩니다. 이에 히틀

1. 남부 키예프 독일에 함락(주코프 포기 주장)
2. 모스크바 공략전 ⇒ 극동군 보강으로 방어 성공
3. 스탈린그라드 전투 지휘 ⇒ 승리

러는 2기갑군 장군인 구데리안의 반대에도 불구하고, 우크라이나의 자원이 더 중요하다며 2기갑군을 키에프로 진군하게 합니다. 2기갑군은 고전 끝에 키에프를 접수하게 됩니다. 그리고 2기갑군은 다시 모스크바로 향하게 되죠. 이 기간 동안 중부군은 당연히 2기갑군이 모스크바 쪽으로 올 때까지 모스크바 공략을 늦추고 있었고, 이에 소련군은 전열을 재정비할 황금 같은 시간을 벌 수 있었

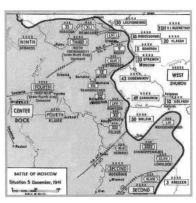

모스크바 공략전

모스크바 공략전: 태풍작전
· 가을비로 인한 진흙탕 길 → 진격속도 늦춤
· 스몰렌스크 전투 → 소련군 저항으로 2달간 소모
· 히틀러의 키예프 우선론 → 구데리안군 키예프 이동
· 총 전투 참가자 : 310만 명
· 소련 65~100만 사상, 독일 28~40만 사상
· 독일 전격전 최초의 패배

습니다. 사실 제 생각에는 모스크바가 함락되면 우크라이나도 저
절로 함락되었을 거라고 봅니다. 이건 명백한 히틀러의 실책이므
로 그 자신이 책임을 져야하는 거였죠. 사실 우크라이나 지방은 소
련시절 스탈린의 폭정과 학살로 반(反)소, 반(反)스탈린 감정이 농후
했던 지역입니다. 그런데 히틀러는 우크라이나를 점령해 들어가면
서 이를 이용하기는커녕 더 악랄한 폭정과 학살로 우크라이나인의
반발을 사죠.

어차피 늦어진 모스크바 공방전입니다. 그런데 히틀러는 또 다
시 무모하게 가을장마와 모스크바 추위에 맞서 전투를 결행합니
다. 철저한 사전 준비 없이 말이죠. 일례로 소련의 시베리아 철도
는 광궤철도로 궤간의 폭이 표준보다 넓습니다. 이것을 유럽과 맞
추어 보통궤로 바꾸어 놓지 않아서 보급이 원활히 진행될 지 안될
지도 모르는 상황인데도 군대를 급파합니다. 추위속에 자신의 주
력군을 몰아 넣고 무조건 돌격과 사수만을 외칩니다. 히틀러가 이

런 결정을 내린 배경에는 아마도 초반의 승리가 크게 작용했을 것으로 보입니다. 과도한 자신감으로 가득 찬 거죠. 거기다 초반에 승리한 전투의 소련군의 전력이 전부일 것이라는 오판이 더해졌을 겁니다. 물론 소련은 초반에 치명적인 패배를 당했습니다. 하지만 소련의 땅은 너무나 넓었고 자원 또한 풍부했습니다. 또한 자신의 땅을 지키고자 하는 열정으로 넘쳐나는 막대한 인구를 가지고 있다는 사실을 간과했던 것이지요. 2차 세계대전에서 스탈린의 헛발질은 아주 유명합니다. 하지만 히틀러 역시 많은 전술·전략의 오류를 범했습니다.

4) 스탈린그라드 전투, 병력 축차 투입

스탈린그라드 전투는 1942년 7월 17일부터 1943년 2월 2일까지 볼가강 하류의 스탈린그라드에서 벌어진 전투로, 역사상 단일 전투로는 가장 많은 사상자를 냈습니다. 6개월 동안 소련군 112만 명, 독일군 85만 명의 사상자가 나왔죠.

스탈린그라드는 지금의 볼고그라드입니다. 원래 이름은 차리친이었는데 스탈린이 이곳에서 적백내전에서 승리를 거두고 이곳을 소련 산업화의 전진기지로 만들면서 스탈린그라드로 명칭이 바뀌었습니다.

러시아 안에서도 이곳의 중요도는 아주 컸는데, 일단 '스탈린그

스탈린그라드 전투(1942~1943)

- 독일군(85만 명 사상, 9만 명 포로)
  - A 집단군: 코카서스 진출
  - B 집단군: 스탈린그라드 시가 점령전 돌입, 포위 후 히틀러 옥쇄 명령
- 소련군(112만 명 사상)
  - 병력 축차 투입으로 시가전
  - 남쪽과 북쪽에 대규모 병력투입 → 천왕성 작전
  - 루마니아군, 헝가리군 등 북부군 포위 섬멸

라드'라는 명칭에서부터 그 상징성이 잘 드러나 있죠. 러시아 산업의 핵심을 담당하고 있는 도시라는 것만으로도 중요성이 대단했지만 이곳이 진짜 중요한 이유는 바로, 이곳이 무너지면 석유 공급의 전략적 요충지인 코카서스 유전(油田)지대가 그대로 히틀러의 손에 들어가게 되기 때문이었습니다.

스탈린그라드 전투는 2차 세계대전의 전환점을 이룬 전투로 유명하지만, 특히 대규모 시가전이 있었던 전투로 이름이 알려져 있습니다. 사실 앞에서 소개한 전투들은 모두 들판, 협곡, 강가 혹은 성벽에서 싸우지 도심에서 싸우지 않았습니다. 그런데 왜 이 전투는 왜 그렇게 도심에서 죽기 살기로 싸웠을까요? 먼저 도심에서 전투를 선택한 것은 소련군입니다. 독일군의 공세로 후퇴하던 소련군에게 스탈린그라드로 들어가라는 명령이 전달됩니다. 이에 따

스탈린그라드 전투의 병력 축차 투입

라 소련군은 스탈린그라드로 들어갑니다. 그리고 시민들에게도 스탈린그라드를 사수하라는 명령을 내립니다. 그러면 독일군은 어떻게 대응했을까요? 바로 폭격을 시작합니다. 무자비한 폭격의 결과, 수만 명의 시민이 하루만에 죽어나가고, 도시도 폐허로 변해버렸습니다. 소련은 왜 이런 선택을 했을까요?

독일군의 최강의 강점은 기갑부대입니다. 모스크바 공방전에서는 가을 장마와 혹한이 소련군을 대신해 독일군을 막아주었지만 지금은 8월! 어떻게 해야 할까요. 탱크가 움직일 수 없는 곳에서 싸워야 합니다. 그곳은 바로 도시입니다. 도시라고 탱크가 못다니나요? 도로로 다니면 되지 않나요? 하지만 폭격을 맞은 도심은 이야기가 좀 다릅니다. 폭격을 맞아 폐허가 되어 콘크리트 파편으로 뒤덮인다면 탱크의 기동성은 치명적으로 떨어질 수 밖에 없습니다. 이제는 독일군이나 소련군이나 다 가지고 있는 소화기가 전투의 핵심 무기로 떠오릅니다.

여기서 소련군의 전술이 등장합니다. 바로 축차 투입과 껴안기 전술입니다. 축차 투입 전술은 말 그대로 차례차례로 내보낸다는 뜻입니다. 투입 가능한 부대를 먼저 투입하고 나머지 부대는 준비가 완료되는 대로 곧바로 뒤따라 투입시키는 거죠. 주로 언제 쓰는 전법이냐면 적국을 지치게 만들 때 쓰는 방법입니다. 아군은 교대로 싸우고 적들은 계속 싸우게 하는 것이지요. 우리는 순서대로 돌아가면서 싸우기에 쉴 수도 있지만 적들에게는 그런 틈을 주지않아 피로를 누적시켜 승리를 거두는 전법입니다. 그런데 왜 소련군이 도심에서 축차 투입을 할까요?

일반적인 축차 투입과는 성격이 좀 다릅니다. 어차피 전면전은 독일에게 승산이 없습니다. 그래서 시가전을 선택한 것입니다. 그런데 병력을 한꺼번에 아니라 조금씩 나누어서 투입합니다. 물론 적을 지치게 하는 의도도 있지만 진짜 의도는 따로 숨어있었습니다.
시가전을 생각해보세요. 그것도 폭격을 맞아 황폐한 도심 말입니다. 은폐물과 엄폐물이 많아 적들이 어디에 있는지 알 수가 없지요. 독일군이 도심을 진격해 나가는데 어디선가 총알이 날아옵니다. 독일군은 전력을 다해 총알이 날아온 방향으로 화력을 쏟아 붓습니다. 적들의 규모나 숫자를 알 수 없기 때문입니다. 그런데 알고보니 적군은 고작 한 명이었던 겁니다. 그리고 잠시 후 다른 방향에서 또 총알이 날아옵니다. 또 전력을 다해 화력을 쏟아 붓습니다. 이런 식으로 소련은 소규모 전투를 위한 병력을 계속 도심에 쏟아붓습니다. 독일은 이 도심 전투에서 계속 이기는 것처럼 보이지만, 사실은 소련의 전략에 걸려 패배의 수렁 속으로 빠지고 있었습니다.

예를 들어, 장동건이 출연한 《마이웨이》(2011)라는 영화를 보시면 영문도 모른 채 시가전에 투입된 장동건의 모습이 나옵니다. 전체적으로는 훌륭한 전략일지는 몰라도 축차전에 투입되는 병사에게는 끔찍한 일입니다. 왜냐면 이기기 위한 전투가 아니라 죽으러 가는 전투이니까요. 이 병사들의 임무는 자신의 목숨을 던져 적의 체력과 총알을 소비시키는 것이었습니다. 그래서 영화의 한 장면을 보면 장동건이 뛰어 들어갈 때 뒤에 소련군 장교들이 총을 들고 외칩니다. "조국을 위해 죽어라, 물러서면 우리가 죽인다." 전쟁은 이렇게 끔찍한 겁니다.

게다가 축차 투입된 장소는 바로 독일군 앞입니다. 바로 코앞이라 숨소리까지 들을 수 있는 지점으로 투입됩니다. 이것이 바로 껴안기 전략인데, 이 전략으로 독일군 후방에 있는 포의 지원과 기갑부대의 지원을 피할 수 있게 됩니다. 만에 하나 포 지원이 이루어진다고 해도 소련군 10명이 죽을 때 독일군 한둘이 같이 죽어나가게 됩니다.

이런 축차 투입과 껴안기 전략으로 독일군의 사기와 화력을 소모시킨 소련군은 독일 주축 군중 상대적으로 전력이 약한 헝가리와 루마니아 군대가 방어를 하고 있는 북쪽 외곽을 공격한 후 점령하여 독일군을 포위하죠. 그리고 보급로를 끊고 항복을 받아내면서 전투는 마무리 됩니다.

그러면 제2차 세계대전에서 소련을 구해 낸 주코프 장군은 어디서 갑자기 튀어나왔을까요? 주코프는 원래 극동사령관이었습니다. 1939년 만주와 몽골의 국경지대인 노몬한에서 일어난 일본군과 소련군 사이에 있었던 노몬한 전투에서 큰 승리를 거둔 바 있죠.

자, 사실 일본은 소련의 천적입니다. 러일전쟁에서 일본이 승리

노몬한 전투가 벌어진 격전지

를 거두었잖아요. 이때 소련이 받았던 정신적 충격은 말할 것도 없고, 소련은 세계의 조롱거리가 되었습니다. 유럽의 열강이 아시아 국가에게 지다니요. 일본은 러일전쟁이 산업혁명 이후 황인종이 백인에게 거둔 최초의 승리라고 홍보하고 있지 않습니까. 이런 상황에서 일본군이 몽골기병대를 사살하자 스탈린은 주코프에게 전권을 주게되고 전투가 본격화됩니다. 그런데 일본은 해상국가잖아요? 제2차 세계대전 중에도 일본은 전차부대가 약했습니다. 일본은 기갑부대가 없습니다. 항공모함도 많고 비행기도 많은데 소련이나 독일과 같은 기갑부대가 없었습니다. 이 사실을 간파한 주코프의 소련군이 탱크를 몰고 가 일본 보병을 전멸시킵니다.

이 전쟁이 중요한 이유는 일본과 독일의 협공체제를 막았다는 데 있습니다. 만일 일본이 전쟁에 참여했다면, 소련의 입장에서는 동쪽과 서쪽 두 개의 전선이 생겼을 겁니다. 하지만 다행히도 일본은 주코프에게 당했기 때문에 전쟁에 참여할 여력이 없었죠. 주코프가 일본이 참전하지 않겠다는 첩보를 미리 입수한 덕분에 모스크바와 스탈린그라드 전투에 총력을 다할 수 있었다는 이야기도 있습니다.

스탈린이 주코프를 불렀을 때 주코프는 노몬한 전투 덕분에 안심하고 극동군 일부를 데리고 올 수 있었어요. 그래서 모스크바와 스탈린그라드에서 병력 축차 투입 전법을 쓸 수 있었고요. 어찌보면 모스크바와 스탈린그라드에서 승리할 수 있었던 진짜 원인은 노몬한 전투에 있었던 것입니다.

3
―
광기의 전쟁, 미일전쟁

1) 일본의 진주만 공습

제2차 세계대전에서 일본을 빼놓고 이야기할 수는 없지요? 이
번에는 미국과 일본의 전투를 보겠습니다. 먼저 일본이 기습적으
로 미국을 공습한 진주만 전투부터 보겠습니다.

일본의 무기(좌 : 제로센 전투기 / 우 : 야마토 전함)

왼쪽 사진의 비행기가 당시 일본이 자랑하던 제로센이라는 비행기입니다. 얼핏 보면 작고 가벼워 보여서 별것 아닌 것처럼 보이지만 전투에서는 대단한 역할을 수행했습니다. 당시의 공중전에서 중요한 것은 상대방 비행기의 꼬리를 잡는 것이었는데 동체가 작고 가벼워서 재빠르게 선회할 수 있는 능력을 갖추어서 많은 상대방의 비행기를 격추했습니다.

오른쪽 사진은 당대 세계 최고의 전함이라고 해도 누구도 반박할 수 없는 전함 야마토입니다.

일본의 진주만 공습(1941년 12월)

1. 석유부족 타개 목적
2. 미국 해군력 파괴 시, 일본과 협정 맺을 것 기대
3. 일본 남방작전으로 진주만 공습 예측 실패
4. 전술적으로 완벽한 기습 평가

전술적으로 완벽한 기습이라는 평가를 받는 진주만 공습을 통해 일본은 승리합니다. 하지만 1942년 6월 벌어진 미드웨이 해전에서는 대패합니다. 일본은 성능 좋은 제로센 전투기와 당시 세계에서 가장 크고 강력했던 야마토 전함을 가지고도 전쟁에서 패합니다. 그 이유는 무엇일까요?

2) 헤비급과 플라이급의 싸움

미드웨이 해전에 대해서는 여러 가지 이야기가 있습니다. 일본 군 암호를 미국이 해독했다는 이야기도 있지만, 하여튼 일본의 전력이 더 우세했는데도 미국이 이겼습니다.

아래는 제2차 세계대전 당시 주요국가 경제상황을 나타낸 표입니다. 한번 보시죠.

제2차 세계대전 당시 주요국 경제상황								
연합군	1938	1939	1940	1941	1942	1943	1944	1945
미국	800	869	943	1094	1235	1399	1499	1474
영국	284	287	316	344	353	361	346	331
프랑스	186	199	82					101
이탈리아							117	92
소련	359	366	417	359	274	305	362	343
총계	1,629	1,721	1,757	1,797	1,862	2,065	2,324	2,341
추축국	1938	1939	1940	1941	1942	1943	1944	1945
독일	351	384	387	412	417	426	437	310
프랑스			82	130	116	110	93	
오스트리아	24	27	29	27	28	29	29	12
이탈리아	141	151	147	144	145	137		
일본	169	184	192	196	197	194	189	144
총계	685	746	837	909	903	896	748	466

출처 : 2차 세계대전의 경제, 마크 해리슨

1938년도 기록을 보면 이미 소련은 세계에서 2번째로 GDP가 높습니다. 말할 것도 없이 미국이 제일 부자고요. 소련하고 독일의 GDP규모는 거의 비슷합니다. 그런데 독일보다 영국과 프랑스의 수치가 더 적습니다. 이와 관련해서는 전쟁 전 상황을 살펴봐야 합니다.

사실 제2차 세계대전은 부조리한 전쟁이었습니다. 군인보다 민간인이 더 많이 죽습니다. 이전의 전쟁들과는 그 양상이 다릅니다. 전쟁을 하면 군인이 죽어야죠. 군인이 죽느냐 민간인이 죽느냐는 굉장히 다른 문제입니다. 외람되지만 전쟁을 할 때 군인이 죽는 것은 뭐라고 하기가 좀 어렵습니다. 군인은 전쟁하면서 적을 죽이기 위한 훈련을 받지 않습니까. 상대를 죽게 해도 정당성은 있죠. 하지만 아무리 전시 중이라고 해도 민간인은 죽이면 안 됩니다. 제2차 세계대전이 부조리한 전쟁인 이유는 바로 여기에 있습니다.

전쟁 중 히로시마와 나가사키에 원자탄이 터집니다. 히로시마에 리틀보이라는 귀여운 이름을 가진 원자폭탄이 터지는데, 만약 여러분이 폭격을 명 받은 공군조종사라면 그것을 터뜨릴 수 있겠어요? 터지면 민간인이 죽잖아요. 대통령이 다른 나라에 원자탄 터뜨리라고 하면 터뜨리겠어요? 아무리 국가의 적이라고 해도 고리 원자력발전소를 폭격하라고 하면 폭격하겠어요? 이것은 명령 이전에 인간 도의의 문제입니다.

제2차 세계대전부터는 군인보다 민간인 사상자가 더 많아집니다. 민간인도 죽여야 하는 전쟁으로 바뀐 것입니다. 특히 공습으로 인한 민간인 사상자가 많이 발생하는데, 그렇다면 왜 공습을 할까요? 과거와 달리 누구나 무기를 만들어낼 수 있는 현대에는 '얼마나 빠르게 적을 제압하느냐'가 중요해 졌습니다. 전쟁이 벌어지면 적의 군수시설부터 폭격해서 그들의 무기생산 능력과 경쟁력을 무력화해야 하는 겁니다. 그렇기 때문에 제2차 세계대전 이후의 모든 전쟁은 진정한 의미의 총력전이 됩니다.

이전의 전쟁이 군인들의 전쟁이었다면 이후의 전쟁은 나라와 나라의 전쟁이 되는 것입니다. 한 나라가 할 수 있는 모든 힘을 끌어모아서 전쟁을 하는 거죠. 예를 들어 봉건영주 시대의 전쟁은 영주가 바뀌면 평민들 입장에서는 공물을 바칠 대상이 바뀌는 뿐이었죠. 군인과 군인이 싸우던 시절에는 국력은 상관없었습니다. 그런데 현대에 벌어지는 대부분의 전쟁은 국력에 의해 승패가 좌우됩니다.

2차 세계대전 당시 주요국 경제상황 표를 다시 한 번 살펴보면, 전쟁 전에는 미국과 일본이 800:169이었던 것이 전후에는 1474:144로 수치가 바뀝니다. 국력의 차이가 어마어마하게 납니다. 둘을 합해도 200도 안 되는 이탈리아와 오스트리아는 짐만 되는 겁니다.

때문에 일본이 진주만을 기습하자 '만세!'를 부른 사람이 있습니다. 바로 윈스턴 처칠입니다. 'Thank You, Japan!'을 외쳤죠. 일본이 미국을 건드리면 미국이 100% 전쟁에 참여할 것이고, 미국이 참전하면 승리는 결정되고 전쟁이 끝난다고 생각했으니까요.

3) 일본의 광기, 임팔 전투

사실 당시 일본과 미국의 전쟁은 시작도 전에 이미 명확한 결과가 예상되는 싸움이었습니다. 절대로 이길 수 없는 전쟁에 사력을 다하는 일본의 모습에서 광기가 느껴집니다. 이런 일본의 광기가 가장 잘 드러나는 전투를 보겠습니다. 임팔 전투입니다.

1944년 초, 일본군은 여러 전선에서 연합군과 대치 중이었습니다. 연합군은 태평양 여러 곳에서 일본군을 격파했고, 버마와 국경인 임팔 지역에 비행장과 수용시설 그리고 보급 창고를 지어 놓고 병참기지로 사용하고 있었습니다.

이때, 일본의 무타구치 렌야라는 중령이 인도의 임팔 지역을 공

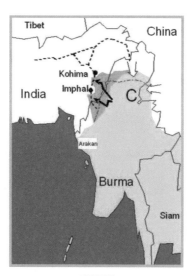

임팔 전투

임팔전투의 과정
1. 무타구치 렌야 중령, 인도 임팔 공략 주장
2. 인도 반군 원조 약속 + 영미 무기 루트 봉쇄
3. 보급 문제
- 일본인은 채식 민족
- 물소를 보급에 이용
- 적의 무기를 노획
4. 10만 일본군이 3만 5천 영국군 공격
5. 3만 명 전사, 2만 5천 명 부상 : 부대 전멸
6. 종전 후 전범 재판 : 렌야 무죄 석방

략해야 한다고 주장합니다. 임팔은 무더위와 장마, 정글과 산맥으로 보급이 어렵기 때문에 전투 자체가 말이 안 되는 것이었습니다. 식량과 무기 보급을 두고 여러 사람이 문제를 제기하자, 일본인은 채식을 하니까 밀림에서 해결하면 된다고 대답합니다. 운송에 대해서는 몽골군이 말에 식량을 실었던 것처럼 물소를 타고 가겠다고 합니다. 무기는 적의 무기를 빼앗겠다고 하죠. 터무니없게 들렸던 이런 주장들은 실제로 행해집니다. 그리고 일본군 10만 명이 이 3대 전법으로 밀림을 돌파합니다.

돌파를 하긴 하는데 사실 말도 안되는 이야기입니다. 밀림에서 잘못 먹는 통에 꽤 많은 숫자의 병사를 잃습니다. 물소를 이동수단으로 타고 가는 것도 그냥 도보로 이동하는 것보다 속도가 느립니다. 과연 이것을 전법이라고 할 수 있을까요? 적의 무기를 노획한다고요? 일본군은 임팔에 기다리고 있던 영국군 3만 5천 명을 만나 허무하게 패배하고 맙니다. 결국 무식하고 무능한 무타구치 렌야 장군의 고집 때문에 일본은 이 전투에서만 3만여 명이 사망하고 2만 5천 명이 부상을 당했습니다.

그런데 이 무능한 렌야 장군은 전쟁 후에도 고위 관직에서 잘 먹고 잘 살다가 죽었습니다. 종전 후에 전범재판이 있었는데 렌야는 다른 전범들처럼 A급 전범으로 기소가 되지만 다른 A급 전범들이 사형을 당했음에도 불구하고 2년간 감옥에 있다가 풀려나게 됩니다.

일본은 이렇게 이길 수 없는 전쟁을 했습니다. 실제로 미국과의 전투를 보면 전쟁이라고 말할 수도 없을 정도로 전술에서도, 실전에

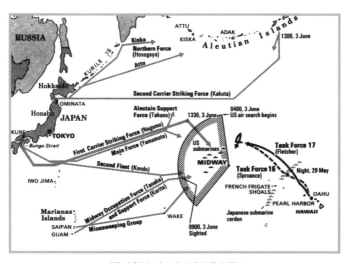

미국의 참전, 미드웨이 해전 공격 루트

1. 루스벨트, 진주만의 복수로 도쿄 공습(둘리틀 특공대)
2. 항공모함의 공습에 놀란 일본, 항모전 돌입
   · 일본 : 항공모함 4척, 순양전함 2척, 중순양함 2척, 경순양함 2척, 구축함 8척
   · 미국: 정규항모 3척, 중순양함 7척, 경순양함 1척, 구축함 15척

서도 형편없습니다. 그래서 이후 두 나라의 전투 양상은 미국의 일
방적인 섬멸전으로 바뀝니다. 미드웨이 해전이후로는 계속 미국이
곳곳에 흩어져 있던 일본군을 축출하기만 합니다. 전투는 벌어지지
않죠.

아래 표에서 일본군 사망 숫자와 미군 사망 숫자를 비교해 보
겠습니다.

태평양전쟁 사망자 수

1. 미드웨이(1942년 6월) : 일본군 3,000명, 미국군 1,000명
2. 콰잘레인(1944년 1~2월) : 일본군 4,300명, 미국군 142명
3. 레이테 섬(1944년 10월) : 일본군 49,000명, 미국군 3,500명
4. 마닐라(1945년 2~3월) : 일본군 1만 6,670명, 미국군 800~1,000명
5. 괌(1943년 7~8월) : 일본군 1만 8,250명, 미국군 3,000명
6. 과달카날(1942~1943년) : 일본군 2만 5천 명, 미국군 1,600명
7. 이오지마(1945년 2월) : 일본군 18,375 명, 미국군 6,821명

예를 들어 신미양요 때 미군의 공격에 우리나라 군인은 수백 명이 사망하지만, 미군은 단 3명만 사망합니다. 정말 일방적인 전투였습니다. 그런데 미국과 일본의 전쟁도 마찬가지입니다. 이렇게나 큰 차이가 난다면 그것은 전쟁이 전쟁이 아니라 소탕전이라고 해야 하지 않을까요?

4) 무모한 전쟁의 배경

1919년 우리나라에서 3·1운동이 일어나자 일본은 문화통치로 방향을 바꿉니다. 물론 대한독립만세를 부르짖자 더 이상 무력으로는 안 되겠다 싶어서 문화통치로 바꾼 것도 있지만 일본 내부에서도 원인이 있습니다. 이때 일본의 경제성장률이 해마다 10% 이상입니다. 경제 발전으로 여유가 생기니까 문화통치를 한 겁니다.

그러다가 1929년 세계 대공황 때 일본은 혼란에 빠집니다. 분석을 해 보면 일본이나 독일의 경우와 미국, 영국, 프랑스의 경우는 좀 다릅니다. 경제공황은 결국 공급과잉에서 비롯된 것인데, 독일이나 일본에 비해 공황 대처법을 더 많이 가지고 있었다고 볼 수 있습니다. 영국과 프랑스는 식민지가 있고, 미국은 워낙 부유하니까요.

케인즈 정책을 보세요. 돈이 없으면 못하잖아요? 그런데 일본과 독일은 돈도 없고 식민지도 없잖아요. 결국 군국주의를 채택

할 수밖에 없습니다. 어쩌면 이것이 경제 공황에 대한 본질적인 해결책이라고 할 수 있지 않을까요? 어쨌든 이런 배경을 바탕으로 1931년도에 만주를 공격하는 것이고, 1937년에는 중국으로 쳐들어가는 것입니다.

경제 공황을 아주 단순하게 설명한다면, 자동차를 100대 만들었는데 소비는 20대 밖에 없기 때문에 발생한 겁니다. 그런데 그 해결책으로 자동차를 50대만 만들고 대신 탱크를 50대 만들면 되지 않겠습니까? 그리고 그 탱크 50대는 전쟁에서 소비를 하면 되구요. 그리고 만주와 중국을 점령해서 만주와 중국에 자동차 30대를 판다면 안전히 공황을 해결할 수 있는거 아니겠어요?

이런 식으로 이해를 해야 일본의 조선 식민지 정책도 제대로 이해를 할 수 있습니다. 일례로 우리나라를 식민지화하면서 일본이 가장 먼저 진행한 두 가지 정책이 있습니다. 그것은 바로 토지 조사 사업과 회사령입니다. 토지조사사업은 왜 했을까요? 일본으로 쌀을 가져가기 위함이었습니다. 당시 일본은 이미 자본주의 발전을 이루어서 수출 경쟁력을 강화해 나가던 시기였습니다. 일본 제품을 외국에 수출해서 돈을 벌어와야 하는 상황입니다. 그러기 위해서는 일본 제품의 가격에 경쟁력이 있어야 합니다. 그러기 위해서는 노동자의 급여가 다른 나라보다 싸야 하죠. 이때 인건비를 줄이기 위해 일본이 생각해 낸 방법이 무엇이겠습니까? 바로 일본인들의 주식인 쌀값을 낮추는 것이지요. 그리고 쌀값을 낮추는 가장 좋은 방법은 바로, 일본 쌀보다 훨씬 더 싸면서도 맛은 비슷한 조선의 쌀을 가져오는 것이었습니다. 회사령도 그런 맥락으로 이해해야 합니다. 회사령을 통해 일본은 조선의 기업발전을 가로막습니다. 그래야 과잉생산되는 일본의 제품을 판매할 수 있을테니까 말이죠.

이후 일본은 100만 대군을 끌고 가서 중일 전쟁을 시작합니다. 이미 청일전쟁에서 승리한 경험이 있는 일본은 아주 쉽게 중국을 점령할 수 있을거라고 생각했을 겁니다. 거기다 중국은 국민당과 공산당으로 내전상황이었으니까요? 그런데 국공합작이 이루어지고 강력한 중국의 저항에 의해 전쟁이 길어집니다. 중국이 보통 넓은 땅입니까? 그러니 이 곳곳에 퍼져있는 관동군에 대한 보급선은 얼마나 길어졌겠습니까? 국사교과서에서도 나오듯 섬 나라인 일본은 우리나라에 남면북양 정책을 씁니다. 남쪽에서는 면화, 북쪽에서는 양을 가져갑니다. 전부 옷을 만드는 재료잖아요. 중국의 추위와 싸우는 일본 관동군이 입을 옷을 만들기 위해서입니다.

앞에서도 말씀드렸지만 당시 전쟁은 기본적으로 총력전이고 보급전입니다. 일본은 중국과의 전선이 생각보다 길어져서 고전을 합니다. 당시 전쟁에서 가장 필요한 물품 두가지를 꼽는다면 목재와 석유입니다. 목재와 석유가 어디에 많습니까? 동남아시아에 많지 않습니까. 이때 일본에게 기회가 찾아옵니다. 목재와 석유의 보고인 동남아시아가 힘의 공백지대가 됩니다. 왜냐면 동남아시아는 주로 영국과 프랑스의 식민지였는데 2차 세계대전으로 인해 독일과 맞서기 위해 동남아시아에 주둔하고 있던 군대가 유럽으로 돌아가기 때문이지요.

일본 입장에서는 이 자원을 확보하는 일이 그 무엇보다 중요해졌습니다. 그런데 이때 미국이 일본에 수출금지령을 내립니다. 일본에 원유 수출하는 것을 막아버리죠. 일본은 미국의 이 같은 조치에 화가 났지만, 일단 해결책을 찾기로 합니다. 결국 일본이 취할 수 있는 자원은 동남아시아의 자원밖에 없었습니다. 바로 동남아시아로 쳐들어가고 싶은데 중간에 필리핀이 있습니다. 필리핀은 당시 미국 식민지이고, 그곳을 맥아더가 지키고 있습니다. 골치 아픈 거죠.

그래서 연구를 합니다. 필리핀을 차지하고 싶은데 필리핀을 공격하는 것은 미군이 지키고 있어서 어렵죠. 하지만 필리핀을 바로 공격하는 것보다 더 좋은 전법이 있었어요. 당시 비행기가 미국 본토에서 아시아로 오기 위해서는 중간에 한번 급유를 받아야 했습니다. 그리고 그 중간 급유지의 역할을 하던 곳이 바로 진주만이었습니다. 일본은 진주만을 공습해서 점령하면 필리핀이 일본의 수중에 저절로 떨어지게 되리라 생각했습니다.

일본은 진주만 공습을 하면 미국이 압박을 느껴 자신들과의 협상테이블에 나올 것이라는 착각을 합니다. 하지만 일본의 이런 생각은 실제와 많이 달랐죠. 돌이켜 보면 일본은 항상 선전포고를 했습니다. 먼저 때리고 나서 싸우자고 하는 거예요. 청일전쟁, 러일

전쟁, 미일전쟁에서도 전부 일본식 선전포고를 합니다. 쉽게 말하자면, 가장 덩치 작고 힘도 없는 애가 힘이 세고 덩치가 큰 친구에게 '야, 너 나와!' 하고 끌고 나가서 싸운다면 작은 쪽이 이길 확률은 얼마 되지 않을 겁니다. 차라리 등 뒤에서 갑자기 공격하는 것이 훨씬 유리하겠죠.

마찬가지로 일본이 선전포고를 할 당시 중국은 일본보다 힘이 강했고, 러시아도 마찬가지였습니다. 하지만 일본은 청나라와 러시아를 상대로 승리를 거둡니다. 일본은 청나라와 러시아가 국내 문제로 혼란한 틈을 타 승리를 거둔 것이지요. 결국 일본이 러시아와 중국을 이길 수 있었던 이유는 그 나라들이 총력전을 할 정치적 상황이 아니었기 때문입니다. 청나라 말기 아니었습니까? 러시아는 사회주의 혁명 전야의 분위기였습니다. 무슨 총력전을 펼칠 정신이 있었겠습니까. 짜아르가 무너지기 직전인데요. 합리적 판단을 할 기본적인 역량이 없는 상태에서 일본에게 공격을 받은 겁니다. 거기다 미국과 일본의 국력의 격차는 앞에서도 보았듯 청나라와 일본 혹은 러시아와 일본과는 비교도 안되는 수준이었습니다.

일본은 이탈리아가 항복하고, 1945년 5월 독일까지 항복했음에도 불구하고 홀로 버티고 있었습니다. 그 결과 8월 6일 히로시마, 8월 9일 나가사키에 원자 폭탄이 투하되었죠. 말로 다 표현할 수 없을 정도로 그 큰 피해는 고스란히 국민들의 몫이 되었고요.

누가 봐도 절대 이길 수 없는 게임이 시작되었습니다. 일본은 특공대를 태평양으로 보냅니다. 일본은 이 전쟁에서 정신력을 강조

했지만, 정신력으로 뭐든 다 되는 건 아니었습니다. 결과적으로 일본은 말도 안 되는 광기로 싸움을 걸었고, 그 결과 패전에 이릅니다. 사실 이와 같은 일본의 잘못된 판단은 우리나라에는 다행이었습니다. 덕분에 일제의 손아귀에서 벗어나 해방을 맞을 수 있게 되었으니까요.

이렇게 해서 일본의 광기와 무모함으로 시작된 미일 전쟁에 대해 살펴보았습니다. 전쟁사가 재미있지만 결국은 우리 모두 반전주의자가 되어야 하지 않을까요? 특히 미일 전쟁의 일본처럼 광기에 사로잡혀 전쟁을 시작하는 일은 역사에 다시 나타나선 안될 것입니다.

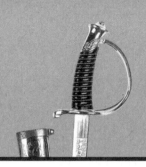

7장

- - - - - - - -

베트남의 독립과
통일을 위한

베트남 전쟁

1
—
전에 없던 강력함,
베트민과 게릴라전

여러분은 베트남 전쟁을 어떻게 보시나요? 사실 베트남 전쟁은, 당시 변방에 위치한 작은 아시아 국가인 베트남이 프랑스라는 강대국과 싸워 한 방에 승리를 거두고, 나아가 초강대국 미국과 싸워 또 한 번의 승리를 거둔 놀라운 이야기를 가지고 있습니다. 이제부터 그 역사를 한번 쫓아가 보도록 하겠습니다.

1) 베트남에 관하여

베트남의 역사는 놀라울 정도로 우리와 유사한 점이 많습니다. 분단의 역사도 공유하고 있습니다. 위쪽은 하노이, 아래쪽은 사이공으로 17도선으로 분단이 됐던 나라입니다. 분단의 아픔이야 우리도 너무나 잘 알고 있죠. 또한 베트남의 국가 면적은 우리나라보다 1.5~2배 크고 역사도 우리 못지않게 깁니다.

베트남은 태국이나 인도 등 다른 아시아권 국가들과 다른 특징이 있습니다. 베트남만 기본적으로 중국 문화권으로, 넓은 의미에서 한자문화권, 유교문화권에 포함된다고 할 수 있어요. 가부장적인 문화도 있고, 한자에서 옮겨온 글자도 많아서 우리와 비슷한 부분을 많이 찾아볼 수 있는 나라가 바로 베트남입니다.

베트남의 마지막 왕조는 응우옌 왕조로, 1945년까지 유지됩니다. 그런데 1836년 2대 황제 명명제가 즉위해서 기독교를 탄압합니다. 이것도 우리나라와 비슷하죠? 예를 들어 우리나라로 치면, 대원군이 집권한 셈이죠. 기독교를 탄압하자 프랑스의 나폴레옹 3세가 '왜 탄압해?' 하면서 1858년 다낭을 공격합니다.

나폴레옹 3세

당시 나폴레옹 3세는 '아시아에서의 세력 확장은 국운이 달린 문제'라고 이야기합니다. 게다가 나폴레옹 3세가 보불전쟁(프로이

기독교의 박해와 침공

· 1836년 명명제 즉위

- 기독교 탄압

- 선교사 7인 처형 ⇒ 기독교인 수 증가(45만) ⇒ 박해 심화

- 1843년 프랑스의 함대 출동

센-프랑스 전쟁)에서 패배를 하면서, 거꾸로 베트남에 더 집착을 하게 됩니다.

이듬해에는 사이공을 점령하고 북부 및 중부까지 공격해서 1884년에는 베트남 전체가 프랑스의 수중에 놓입니다. 아시아의 제국주의 가운데 베트남 만큼은 차지하고 싶었던 프랑스는 1885년에 베트남 황제를 퇴위시키고 본격적으로 식민지 통치를 하게 됩니다. 그런데 프랑스의 식민지 통치는 가혹했습니다. 특히 커피를 프랑스에서 대규모로 착취해 갑니다. 예술의 나라, 혁명의 나라인 프랑스 역시 가혹한 착취로 악명을 떨쳤던 나라입니다.

프랑스의 인도차이나 점령

· 프랑스의 보불전쟁 패배 ⇒ 베트남에 집착

· 1885년 베트남 황제 퇴위 ⇒ 프랑스 보호령

프랑스의 인도차이나 반도 점령 지역

그러다가 베트남에 기회가 찾아온 것은 제2차 세계대전 때입니다. 제2차 세계대전 때 일본이 침략을 해 오는데, 베트남은 프랑스 식민지였잖아요. 당시 프랑스는 독일하고 싸우느라 정신이 하나도 없었어요. 싸우는 정도가 아니라 독일에 점령당하면서, 1940년에는 남부 프랑스의 비시를 수반으로 하는 친독 괴뢰정부가 들어섭니다. 그 정부가 바로 비시 정부입니다.

프랑스에 비시 정부가 들어서니까 베트남은 힘의 공백지대가 되어 버렸지요? 그때 일본이 베트남으로 들어옵니다. 비시 정부는 나치정권이고, 같은 추축국이기 때문에 독일과 일본이 친하잖아요.

비시정부와 협력한 일본이 들어오면서 베트남에 괴뢰왕을 세워서 베트남 제국을 하나 만들게 됩니다. 이런 혼란스러운 시대에 베트남에 등장하는 민족영웅이 바로 우리가 잘 아는 호치민입니다.

대일(對日)항전

· 1941 공산당계의 베트남독립동맹 결성
· 민족 + 사회계의 최대 저항집단
· 1940년대 후반의 대기근⇒전국적 저항

호치민은 평생 동안 근검과 절약을 실천한 사람으로 아주 유명합니다. 이 사람이 1941년에 베트남독립동맹이라는 공산당 계열의 연맹을 결성합니다. 사회주의 계열뿐만 아니라 민족주의 계열도 포함된, 출발 자체는 민족주의적 성격을 가진 최대 저항집단이 1940년대 후반에 성립되면서 본격적으로 저항 운동을 벌입니다.

당시 어디 세력이 들어왔습니까? 일본 세력이 들어왔죠. 베트남 사람들은 지금까지 프랑스 식민지였죠? 그런데 프랑스 세력이 약해지고 일본이 들어오면서 '프랑스를 대신해서 우리가 너희를 위해 잘 해 줄게'라고 하니까 사람들이 순간적으로 일본에 호감을 가질 수 있죠? 그러자 호치민이 한 유명한 말이 있습니다.

'정신 차리자. 조선이 행복해 보이더냐?'

베트남의 호치민

그 당시 우리가 일본의 식민지였으니까요. 프랑스로부터 온갖
착취를 당하던 베트남 사람들 입장에서는 프랑스 대신 들어온 일
본이 반프랑스를 내세우면서 베트남 인민에 입맛에 맞는 말들을
했기 때문에 더 현혹되기 쉬웠을 겁니다. 하지만 호치민은 일본 역
시 프랑스와 같은 제국주의 세력임을, 아니 프랑스보다 더 지독한
군국주의적 제국주의 세력임을 간파한 것이지요.

2) 베트남 독립 전쟁

1945년 9월 2일, 마침내 베트남독립동맹, 베트민이 독립선언을 합니다. 그러자 프랑스가 미국의 도움을 받아서 베트민과 본격적인 전쟁을 하기 시작합니다. 베트민의 독립운동은 우리나라와 다르게 흘러갑니다.

예를 들어, 화장실에 들어갈 때와 나올 때가 다른 것처럼 제2차 세계대전 후에 영국, 프랑스, 미국의 입장이 바뀝니다. 초반에 영국, 프랑스, 미국은 동남아시아와 아프리카의 식민지 국가들에게 '너희들이 일본과 독일이랑 싸우면, 끝나고 나서 독립시켜 줄게' 라는 약속을 했습니다. 하지만 전쟁이 끝났는 데도 약속을 지키지 않았습니다.

베트남도 마찬가지였던 겁니다. 일본이 물러나자 프랑스가 '다시 우리 프랑스 보호로 들어와. 미국한테 허락도 받았어' 라는 식으로 나오는 거죠. 이 주장에 굽힐 수 없었던 호치민은 본격적으로 총을 들고 싸우게 됩니다.

베트남 독립 전쟁을 떠올리면 우리는 호치민만 기억하지만, 호치민은 정신적 지도자이자 최고의 리더이고, 실제로 전쟁을 주도했

베트남 독립 전쟁

- 1946년 11월 23일 프랑스의 하이퐁항 포격 : 6,000명 사망
- 1946년 12월 9일 호치민의 무장 투쟁 선언(선전포고)
- 1950년 중국의 독립국 지위 인정

던 건 보 응우옌 지압(武元甲)이라는 사람입니다. 붉은 나폴레옹이라고 불리기도 한 전쟁 영웅으로 프랑스와 미국과 굳건히 맞서 승기를 잡는 데 크나큰 역할을 했습니다. 호치민이 세상을 떠난 후에도 미국과의 전쟁을 계속 주도해 나갔습니다.

3) 디엔비엔푸(奠邊府) 전투

디엔비엔푸 전투는 너무나도 유명한 전투입니다. 이 전투는 전투 자체로만 보면 참으로 재미있습니다. 프랑스와 프랑스를 따르는 남베트남 연합군이 같은 편이고, 한쪽은 베트민입니다. 프랑스는 1만 9천 명 중 외인부대가 16,000명, 공수부대가 3천 명이었습니다. 이 사람들은 군인 중에서도 최고의 군인이었습니다.

반면 베트민은 2만 5천 명에 지원군 1만 5천 명으로 이루어져 있었는데, 이들이 가진 무기라고는 죽창 같은 보잘 것 없는 것들이 대부분이었습니다. 마치 일본군에 맞섰던 우리나라의 동학농민군처럼 말이죠. 어쨌든 군대 수는 많아 보일지 몰라도 비행기도 없고 탱크도 없습니다. 프랑스 쪽은 전차에 곡사포, 전투기까지 있죠. 거기다 투입된 군인들도 외인부대와 공수부대 아닙니까. 사실 상대가 안 되는 게임이죠.

그런데 그 대단한 프랑스 군인들 1만 6천 명 중에서 1만 2천여 명 가까운 사람이 포로가 됩니다. 대부분이 다 잡힌 거죠. 나머지는 죽거나 했고요. 어떻게 이런 일이 생긴 걸까요? 다시 말하지만 베트민은 가진 것이 없거든요. 게다가 전쟁은 수비하는 쪽이 훨씬 더 유리합니다. 이 당시 수비를 하는 쪽은 프랑스였고, 공격을 하는 쪽은 베트민이었습니다. 그런데도 베트민은 승리합니다. 그래서 이 전투가 유명해요.

다음의 사진들을 보면, 프랑스는 전차도 있고 전투기도 있습니다. 지키고 있는 쪽이니까 참호도 파 놨습니다.

디엔비엔푸 전투 양상

당시 베트남의 수도인 하노이가 위치한 북쪽지역은 베트민이 장악하고 있었습니다. 프랑스는 당연히 하노이를 점령해야 했습니다. 그러기 위해서는 하노이를 가기전 중간 기점이 필요했습니다.

그래서 그 중간기점으로 디엔비엔푸를 선택한 것입니다. 그래서 1953년 11월에 프랑스가 낙하산 부대를 투하해서 먼저 점령하고 진을 치고 있었습니다.

디엔비엔푸 전투		
	프랑스 : 남베트남 연합군	베트민
병력	1만 6천 명(외인부대 및 공수부대 3,000여 명) - 전차 10기, 곡사포 60문, 항공기 270기(수송기 100기)	2만 5천 명(야전)+1만 5,000명(지원)
피해 규모	전사 : 1,571~2,293명 부상 : 5,195~6,650명 실종 : 1,729명 포로 : 1만 2천여 명(부상 6,000명, 사망 8,290명)	전사 : 4,020명 부상 : 9,118명 실종 : 792명 2만 3천 명이 전사 혹은 부상(프랑스 측 주장)

디엔비엔푸를 먼저 점령해야 하는 이유는 이 지역의 지형에 있습니다. 디엔비엔푸는 10,000m의 고원분지입니다. 고원이라 방어에 유리한데, 게다가 분지니까 진을 치기에 얼마나 좋은 곳이겠습니까. 한마디로 천혜의 요새라고 할 수 있었습니다. 그렇기 때문에 프랑스는 유리한 고지를 선점하기 위해 먼저 이곳에 쳐들어와 장

악하고 있었던 거죠. 그런데 이곳에도 약점이 하나 있었습니다. 바로 보급 문제였죠. 하지만 프랑스는 지상의 보급로가 끊겨도 걱정이 없었습니다. 후방에서 수송기로 군수물자를 공급해 주면 된다고 판단했거든요. 제2차 세계대전 당시 노르망디 상륙작전 때 해봤으니까요.

디엔비엔푸 전투 지역

프랑스군은 높은 지대니까 안심하고 분지 가운데에 진을 치고 있습니다. 프랑스군 입장에서 하노이를 점령하려면 전략을 어떻게 짜야겠습니까? 베트민은 탱크나 항공기가 없는 애송이 군대고요. 하지만 군대가 훨씬 더 많으니까 보병전에서는 밀릴 수 있죠. 보병전에서 밀려서 보급로가 끊기면 분지 위에서 보급을 받아야겠죠? 그러려면 비행기가 착륙을 해야 하고, 이착륙을 위한 활주로가 필

- 해발 1000m 이상의 분지 지형
- 라오스와 중국 견제 가능
- 적의 교통로 차단
- 항공 보급 및 지원 용이

요합니다. 그래서 고원분지 위에 활주로를 만들고, 활주로를 지키기 위해 대포를 가진 포병부대들을 배치해 놓았습니다.

그러면 이제 아무 문제가 없죠. 활주로 만들었고 참호를 파서 지키고 활주로 주변에 포병 부대도 배치했어요. 수송기가 와서 보급만

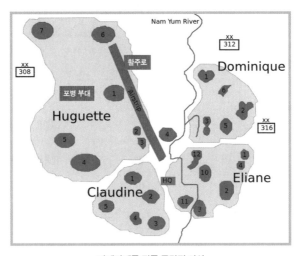

디엔비엔푸 전투 포격전 양상

해 주면 디엔비엔푸 기지를 충분히 지킬 수 있죠. 한번 붙어 보자 이 거죠. 만약 베트민이 이 기지를 그대로 두면 하노이가 위험해지겠 죠? 그래서 이곳을 함락시키기 위해서 4만 명의 군사를 동원합니다. 양쪽에서 포위하듯 진격해 들어가는 거죠. 하지만 분지 가장자리 에는 이미 프랑스가 참호를 파놓고 단단히 무장한 채로 지키고 있 었습니다. 그렇기 때문에 아무 대책없이 위로 진격하다가는 베트 민 군사들이 모두 몰살당할 수 있었죠. 이때 베트민이 프랑스를 이 길 방법은 한 가지뿐이었습니다. 베트민의 최대 무기인 대포를 가 지고 올라가는 것이었습니다. 강력한 곡사포만이 프랑스의 참호를 깨부술 수 있었죠.

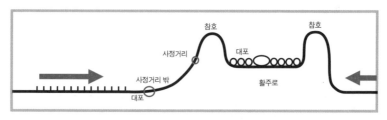

디엔비엔푸 전투 포격전 양상

이제 베트민이 프랑스군 참호에 정확히 포격하기 위해서는 대 포를 사정거리 안까지 가지고 가야했습니다. 하지만 고원분지라 이 역시도 쉽지 않은 일이었죠. 그래서 프랑스 군은 그것이 불가능 하다고 생각했습니다. 왜냐면 대포를 끌고 올 만한 길이 없으니까요. 길이 없으니까 당연히 오지 못할 거라고 생각한 거예요. 일리가 있는 주장입니다. 해발 1,000m 고원분지에 대포를 어떻게 끌고 가겠어요. 그렇다고 운송 수단이 있는 것도 아니고요. 하지만 승리를 향한 베트민의 의지는 대단했습니다. 갑자기 프랑스군 참호에 포탄이 쏟아지기 시작합니다. 베트민이 포를 끌고 사정거리까지 올라간 거예요. 도대체 어떻게 끌고 왔을까요? 단순해요. 분해해서 하나씩 들고 간 거예요.

우리나라도 군에 들어갔을 때 포병부대에 배치되면 박격포를 분해해서 조립하는 훈련을 받습니다. 4인 1조나 3인 1조로 박격포를 분해해서 목표지점까지 들고 뛰어가서 다시 조립합니다. 포병부대 훈련 중에서 제일 힘든 것이 포를 분해해서 들고 뛰기 하는 것입니다. 나중에는 어깨가 기울어지기까지 한다는데 얼마나 무겁겠어요. 그런데 베트민이 그 전법을 쓴 거죠. 포를 다 분해해서 가지고 올라왔어요. 그렇게 참호에 포격을 합니다. 그래서 베트남전

고원분지까지 포를 들고 온 베트민

을 보면 의지와 정신력이 얼마나 중요한지를 새삼 깨닫게 됩니다.

그리고 이때 프랑스가 결정적인 실수를 합니다. 첫째, 이것을 전차로 막으면 되는데, 전차를 10대밖에 배치하지 않았어요. 그러면 이걸 막는 방법이 또 뭐 있겠습니까? 전투기로 폭격을 하면 되죠. 그런데 정말로 기상천외한 상황이 또 등장합니다. 베트민이 전투기를 막으려면 방공포가 있어야 하는데 이것도 분해 조립해서 들고 옵니다.

그렇게 들고 올라온 방공포를 배치시켜 둔 거예요. 프랑스군은 베트민에게 방공포가 있을 거라고는 미처 생각을 못했죠. 상상이나 했겠습니까? 그래서 프랑스 전투기들이 베트민의 방공포에 속수무책으로 격추됩니다. 해발 1,000m까지 곡사포와 대공포를 분해해서 들고 올라갔다니까요. 4만 명의 베트민 중에 지원병 1만 5천 명이 왜 있는지 알겠죠. 싸우려고 있는 게 아니에요. 힘 좋은 사람들이 분해한 포를 옮기려고 있는 것입니다. 개미처럼 하나하나 옮겨 가는 겁니다. 그래서 이 전투가 베트남 역사를 뒤바꿉니다.

베트민이 분해 운송한 곡사포

전투기   수송기

　　하지만 프랑스군은 베트민과는 다르게 비행기를 가지고 있습니다. 한마디로 월등한 전력이지요. 그런데 이 비행기를 운용하는데도 큰 곤란을 겪습니다. 비행기는 전투기, 폭격기, 수송기가 있지요. 그런데 프랑스군은 전투기는 필요도 없습니다. 왜냐면 상대방 전투기가 없으니까요. 궁중전을 벌일 일이 없는 겁니다. 그래서 폭격기와 수송기만을 사용합니다. 그런데 베트민이 폭격기가 뜨면 숨고 수송기를 보면 쏘는 거예요. 베트남은 다 무슨 지형입니까? 밀림이죠. 오죽했으면 미군들이 밀림을 불태웠겠습니까. 그런데 아직까지는 고엽제를 뿌려대는 것과 같은 대책이 없는 상황에서 밀림에 숨어 있는 베트민과 싸우려니까 머리가 돌 지경인 거죠. 하늘에서 보면 숲밖에 안 보이는 거예요.

　　밀림 속의 곡사포를 상공에서 어떻게 찾겠습니까? 게다가 베트민들은 전투기는 잡을 생각을 아예 안 합니다. 수송기만 노립니다. 보급만 끊으면 되니까요. 전략을 진짜 잘 세운 거예요. 프랑스군의 전략에 허점이 있던 것도 아닌데 베트민의 전략이 아주 치밀했던 거죠.

다시 고지전으로 돌아옵니다. 참호를 사정거리 안에 둔 베트민의 대포가 불을 뿜으면서 결국 참호가 함락되겠죠? 그 다음에는 무슨 일이 벌어질까요? 참호를 점령한 베트민이 이제는 아래쪽에 있는 프랑스군과 싸우게 됩니다. 본격적인 포격전이 시작됩니다. 그런데 포격전에서 위에서 아래를 향해 쏘는 게 유리할까요, 아니면 아래서 위로 쏘는 게 유리할까요? 당연히 위에서 쏘는 게 유리하죠. 그래서 프랑스 포병대가 완전히 파괴되는 거예요. 그럼 퇴각해야 하는데 도망가 봤자 분지입니다. 결국 다 포로로 잡히거나 죽는 거예요.

전투 동안 베트민은 보급을 어떻게 해결했을까요? 프랑스군은 보급을 수송기로 위에서 떨어뜨려 주잖아요? 베트민은 지원병들이 광주리에 보급품을 넣어서 자전거에 매달고 배달을 옵니다. 프랑스군이 봤을 땐 기가 막히죠. 여러분이 프랑스군이라고 생각해 보세요. 외인부대에 특전훈련을 모두 마치고 제2차 세계대전에서 단련된 군대에요. 전투경험이 풍부한 대단한 군대란 말이에요. 하물며 미군의 지원도 받고 있는데 베트민에게 지고 있습니다. 상대방은 자전거로 보급품을 가져오지 않나, 대포를 분해해서 가져오질 않나, 상상을 초월하는 전략을 씁니다. 그런 상대를 당해 내지 못하고 프랑스군이 참패하고 맙니다.

참호전에서도 프랑스군이 고원 위에 참호를 먼저 팠으니까 원

베트남 전쟁의 실패 원인이 된 병력 배치

베트남 전쟁의 실패 원인이 된 날씨

래대로라면 무너질 수가 없죠. 올라오는 적을 쏘기만 하면 되는데, 그 참호에 포탄이 떨어질 거라고는 상상을 못했죠.

디엔비엔푸 전투 이후 프랑스는 사실상의 전투능력을 상실합니다. 탈환 작전을 비롯한 어떤 시도도 할 수가 없죠. 1만 명의 포로가 있는데 어떻게 전쟁을 해요. 쳐들어가면 그 1만 명은 다 죽는 거잖아요. 결과적으로는, 한 방의 전투로 전쟁이 끝난 거예요. 이렇게 믿기 어려운 전투를 베트민이 해낸 겁니다.

프랑스의 입장에서 디엔디엔푸 전투는 정말 다시는 기억하고 싶지 않은 전투로 기록됩니다. 전투의 패배 그 자체도 그렇지만 더욱 슬픈 것은 1만 명이 넘는 프랑스 포로들이 전투 후에 베트민에 의해 하노이로 이동됩니다. 물론 도보로 이동을 하게 됩니다. 생각해 보면 밀림을 이동하는 와중에 포로에 대한 식량보급이 제대로 이루어 졌을리 없습니다. 거기다 무덥고 습한 날씨에 풍토병도 기승을 부렸지요. 결국 행군 도중에 8천명이 죽어갔습니다. 생각만으로도 끔찍한 일입니다.

베트남 전쟁의 결과

· 제네바 평화협정(1954년 4월)으로 베트남 독립 약속
· 프랑스군 철군(1954년 8월)
· 두 개의 임시정부 인정

프랑스와 베트남 전쟁은 사람들에게 전쟁에 대한 새로운 시각을 가지게 합니다. 그것은 바로 게릴라전으로도 정규군을 물리칠 수 있다는 것이지요. 그 전에 마오쩌둥이 게릴라전으로 국민당 정부를 몰아내잖아요. 이때만 해도 게릴라전에 대해 고개를 갸우뚱했는데, 베트민이 게릴라전으로 승리하면서 전 세계 제3세계 국가에서 '우리도 제국주의와 맞서서 무장으로도 이길 수 있다' 는 확신

전쟁에 승리를 거둔 베트남

을 갖게 됩니다.

이전에는 힘이 약한 나라가 힘이 센 나라를 무력으로 이길 수 있다고는 발상조차 못했습니다. 동학군 10만이 봉기해도 기관총과 같은 현대식 무기로 무장한 일본군 1,500명에게 일방적으로 학살을 당했으니까요. 그런데 베트민의 디엔비엔푸 전투는 제3세계 국가들에게 '전략과 전술을 제대로 세우고 적을 제대로만 알면 우리도 승리할 수 있다'는 생각을 갖게 한 첫 사례입니다. 그렇기 때문에 전쟁사에서 특히 중요한 전투인 겁니다.

2
–
미국의 개입과 베트콩의 시련

1) 베트콩의 탄생

제네바 평화협정이 맺어지고 프랑스군이 철군을 합니다. 이때 프랑스와 미국이 꼼수를 부립니다. 그대로 물러나면 베트남 전체가 공산화될 수 있잖아요. 그래서 옛날 왕조 세력을 지원합니다. 그리하여 17도선을 경계로 분단이 이루어지는데, 북쪽에는 호치민을 중심으로 결성된 월남 민주 동맹(월맹, 베트민)이, 남쪽에는 응오딘지엠(고 딘 디엠)의 월남세력이 들어서게 됩니다. 두 개의 임시정부가 존재하는 겁니다.

문제는 미국이 남베트남의 지도자로 지지했던 응오딘지엠, 즉 디엠 정부는 지나치게 반공을 강조하면서 친족과 측근들을 등용해 독재정치를 합니다. 디엠 정부는 특히 가톨릭 외의 종교를 부정하면서 수많은 불교 신자들을 투옥하고 처형합니다. 당시 베트남 사람의 80% 이상이 불교를 믿었는데, 수많은 불교도들을 탄압하고 처형하자 사회가 극도로 불안해집니다. 미국 내 여론도 악화되면서 미국은 디엠 정부에 대한 지원을 중단하죠.

디엠 정부 몰락의 결정적인 역할을 한 사건은, 1963년 불교 승려 틱꽝득의 분신 자살 사건이었습니다. 정부의 불교 탄압에 항의하는 뜻으로 소신공양을 한 것이지요. 이 사건은 세계적으로 보도가 되었습니다. 이때 당시 영부인 역할을 하던 마담 누가 "그래 봤자 땡중의 바비큐 쇼"라며 비하하는 발언으로 베트남 국민의 분노를 사 '드래곤 레이디'라는 악명을 얻습니다.

마담 누

디엠 정부의 실정을 살펴보면, 탄압하고 원조금을 전용하고, 전형적인 비밀경찰 활동으로 만행을 저지릅니다. 또한 토지개혁은 뒷전이고, 부정부패를 일삼으며 언론 및 국민을 탄압합니다.

· 디엠 정권의 실정
  - 반공정책 : 민족 배신자 척결 실패
  - 가톨릭 우대정책
  - 원조금의 전용 ⇒ 부정 부패 심화
  - 비밀경찰 활동 ⇒ 언론 및 국민 탄압
  - 토지개혁의 실패

⇒ 남베트남 민족해방전선 결성(1960년 12월 20일)

이런 정부에 반발한 사람들이 모여 무장 저항 세력을 만드는데, 이것이 베트남민족해방전선(Vietnamese National Liberation Front:NLF)입니다. 베트콩은 이 공산주의 군사조직을 일컫는 말로, 베트남공산주의자라는 의미를 갖고 있습니다. 베트콩은 남베트남에 자생적으로 생긴 공산주의자들로 북베트남과는 다릅니다. 이후 북베트남과 손을 잡는데 우리나라를 예로 들어 설명하면, 해방 정국에 김일성 세력과 박헌영 세력이 손을 잡는 거죠. 하지만 베트콩도 참 서글픕니다. 나중에 통일되고 나서 북베트남 공산주의자들에게 모두 숙청당하거든요. 우리나라도 박헌영이 김일성에게 숙청당하잖아요. 그때 명분이 '미제의 앞잡이'였지요. 베트콩도 미제의 간첩이라는 이유로 숙청당합니다. 항상 그런 것입니다.

2) 미국의 개입

남베트남의 자생적 공산주의자들인 베트콩과 북베트남이 손을 잡은 상황에서, 베트콩이 본격적으로 게릴라 전투를 시작합니다.

그러자 미국 입장에서는 당황스러울 수밖에 없죠. 자신들의 계획에 차질이 생겼음은 물론이고, 한 국가가 공산화되면 그 지역 전체가 공산화가 될 거라는 도미노 이론이 현실로 나타나게 생겼으니까요. 미국이 베트남 전쟁에 개입한 배경에는 도미노 이론이 자리잡고 있습니다. 베트남이 공산화되면 그 뒤를 이어 태국과 필리핀도 공산화되고, 한국과 일본까지 공산화된다는 거죠. 실제로 동구권에서는 도미노 식으로 공산화가 되었잖아요. 실제로 하나가 무너지면 다 무너질 수 있다는 우려 때문에, 미국은 베트남을 공산주의로부터 지켜내야 한다는 목표를 가지고 있었습니다. 대표적인 예로, 미국의 아이젠하워 장군은 남베트남의 안보를 책임지겠다고 말하며 남베트남에 지원을 아끼지 않습니다.

당시 미국은 처음부터 베트콩하고 싸운 것이 아닙니다. 미국이

미국의 개입 : 린든 존슨의 증파 결정, 군수 지원, 기술인력 · 고문 지원

싸우려고 했던 것은 북베트남이 아니었습니다. 북베트남과 직접 싸우기는 어렵죠. 왜냐하면 위에 중국이 있잖아요. 중국과의 문제도 미묘하고 라오스나 다른 나라와의 관계도 얽혀 있기 때문에, 북베트남은 쉽게 건드릴 수 있는 상대가 아니었습니다. 하지만 베트콩은 남베트남에 있으니까 상대하기가 쉽잖아요. 따라서 베트콩으로 인해 월남이 공산화되는 것을 막겠다, 베트콩을 몰아내는 데 절대적인 지원을 해 주겠다는 게 미국의 입장이었죠.

베트콩을 몰아내기 위해서 무엇을 선택해야 할지는 뻔했습니다. 보급을 끊어야죠. 그런데 베트콩의 보급은 어디에서 옵니까? 무기는 어디에서 옵니까? 다 북베트남에서 제공하는 것이었습니다. 물론 나중에는 부패한 월남 정부와 군대로부터 돈을 주고 무기를 사오게 되기도 합니다.

이미 베트콩은 이전보다 훨씬 더 힘이 세졌습니다. 보급로를 끊어버리지 않는 한 남베트남이 베트콩에게 전복당하게 생겼죠. 베트콩이 월남 정부보다 파워가 더 세진 거지요. 그 가운데 미국과 베트콩이 전투를 했는데, 미군 헬리콥터 14대가 베트콩 350명에게 격추당합니다. 미국이 이런 현실을 받아들일 수 있을까요? 미국 헬리콥터가 당할 동안 베트콩은 고작 18명 죽었습니다.

가만 놔둘 수는 없지요. 베트콩 세력에 직접적 피해를 입히는 방법은 보급을 끊는 것이고, 그러려면 어디를 건드려야 합니까? 북베트남을 공격해야 하지만 북베트남과 전면전을 벌이자니 피곤하거든요. 그렇다고 베트콩을 하나 하나 잡아 내자니 그게 쉬운 일이 아닙니다. 얼굴에 '나 베트콩이다'라고 써 붙이고 다니는 것도 아니고 말입니다. 그래서 미국은 다음과 같은 결정을 하기로 하죠. 베트콩의 힘은 북베트남의 보급에서 나오는 것이기 때문에 그 보급을 끊기로 합니다. 북쪽에 폭격을 가하면 협상테이블에 나올 것이라고 생각한 거죠. 이때 '폭격을 멈출테니 보급을 끊어라'고 하면 모든 게 해결되리라는 판단이었던 겁니다.

그렇게 당시 미국의 대통령 존슨은 북베트남을 공격하기로 결정합니다. 그런데 마땅한 명분이 없었죠. '우리 헬리콥터 14대를 베트콩 350명이 격추시켰는데, 북베트남 너희들이 지원했지?' 하면서 공격할 수는 없잖아요. 미국을 공격한 것은 베트콩이지 북베트남이 아니었으니까요. 존슨 대통령은 명분을 만들기로 합니다. 그리고 곧 통킹만 사태가 벌어지죠.

좌: 미 구축함 매덕스(USS Madox), 우: 미 구축함 터너 조이(USS Turner Joy)

미국의 구축함 두 대가 북베트남 영해를 넘어가는 일이 발생합니다. 미국 구축함이 일부러 경계선을 넘어가서 북베트남의 공격을 유도했다는 설도 있지만 검증된 바는 없습니다.

미군 구축함이 경계선을 넘어가니까 북베트남이 가만히 있을 리가 없죠. 미국의 구축함에 어뢰를 쏩니다. 사실 북베트남의 공격에 미국은 큰 피해를 입지는 않았습니다. 그럴 사이즈가 아니죠. 어쨌든 이 사건으로 미국은 원하던 것을 얻게 됩니다. 미국 구축함 두 척이 북베트남의 어뢰정에 습격당했다는 명분 말입니다.

통킹만 사태 당일 매덕스 호에서 찍은 사진

위 사진이 사건 당일 매덕스 호에서 찍은 북베트남 어뢰정이라고 합니다. 갑자기 어뢰정들이 나타나서 매덕스 함을 공격했다는 거예요. 진실인지 아닌지는 모르겠어요. 중요한 것은 미국이 북베트남을 포격할 명분은 세웠다는 것입니다. '호치민, 너희 어뢰함이 미군 구축함을 건드려? 사자의 코털을 건드렸지? 가만두지 않겠어. 어뢰를 무려 세 발이나 쐈어? 그러면 우리는 폭격을 해 버리겠어!' 하고 폭격을 시작합니다.

통킹만 사건

- 개요 : 1964년 8월 베트남과 중국 사이에 있는 통칭만에서 북베트남의 어뢰정이 미국 구축함을 습격함
- 진행 : 1964년 8월 4일 미국의 2차 피격(조작으로 추정되며 여전히 논란이 되고 있음)
- 사건 이후 : 미국의 군사 개입에 대한 명분으로 작용하여, 내전이었던 전쟁의 양상이 국제전으로 바뀜

북베트남 폭격이 승인되자 미국은 엄청난 양의 폭격을 퍼붓습니다. 사실 베트남 전쟁 당시 미국이 폭격한 폭탄의 양은 어마어마했습니다. 이제까지도 그 기록은 깨지지 않고 있습니다. 2차 세계대전에 투하되었던 폭탄 전부와 6.25 전쟁 때 투하되었던 폭탄 전부를 합한 정도의 어마어마한 양의 폭탄이 북베트남 폭격에 사용되었다고 합니다.

이때 롤링 썬더 작전이라고 해서, 어뢰 세 발을 쐈다는 이유로 엄

북폭(北爆)의 승인

- 롤링 썬더 작전(Rolling Thunder) : 통킹만 사건 직후 계획된 유류고, 산업시설, 운송시설에 대한 전략적 폭격
  - 시기 : 1965년 3월~1968년 11월
- 목적 : 북베트남과의 협상

롤링썬더 작전 결과				
	폭탄 투입량	항공기 손실	군인 사망	민간인 사망
미국	약 86만 4천 톤	약 9000여 기	1천여 명	–
북베트남	–	약 120여 기	사상자 불명	최소 5만여 명 이상

그 외 산업 피해
- 탄약저장고의 77%, 유류저장 시설 60% 이상, 발전시설 60%, 교량 50% 이상, 철도 기지 40% 이상 피해
- 1만 2,500척의 선박, 1만 여 대의 차량, 2,000대의 철도 차량과 엔진 피해

청나게 폭격을 해 댑니다.

그런데도 북베트남은 협상테이블에 나오지 않습니다. 폭격의 목표가 바로 협상테이블인데, 호치민은 '존슨 대통령이 직접 오면 이야기하겠다'고 합니다. 격이 안 맞는데 어떻게 협상을 하느냐는 것이죠. 미국 입장에서는 호치민의 행동에 난처해졌습니다.

3) 북베트남의 반격

한편, 미군의 폭격에 대응하여 북베트남이 반격을 준비합니다. 그런데 아직까지는 스스로 반격을 하자니 만만치가 않죠. 그래서 베트콩을 지원을 해 줍니다. 본격적으로 직접 싸우자니 부담스럽 잖아요. 그러니까 베트콩에게 지령을 내린 거죠.

퀴논 호텔 사건이 터집니다. 당시 미국의 국무부장관 맥나마라
가 퀴논 호텔에 묵고 있을 때 폭발사건이 터집니다. 국무부장관이
죽을 뻔한 거예요. 그뿐인가요? 베트콩이 곳곳에서 항공기 70대를
폭파합니다. 밤에 격납고에서 베트남 군인들이 경비를 서고 있을
때 베트콩들이 와서 뇌물을 주면, 군인들은 뇌물을 받고 자리를 비
우거나 집에 가 버립니다. 그러면 항공기에 수류탄을 던져서 터뜨
리는 거예요.

북베트남의 반격
· 1965년 2월 7일 퀴논 호텔 사건 : 맥나마라 목표, 항공기 70여 대, 미군 100여 명 사상(이후 표준 전술화) · 소련의 지원(1965년 2월 이후) : SAM, 군용기 지원 · 1965년 3월 미 지상군 상륙

그 어마어마한 항공기가 수류탄 하나에 날아가니까 미국 입장
에서는 얼마나 약이 올라요? 전투 도중에 탱크나 대포가 와서 항
공기를 쏘는 게 아니라, 지키는 군인에게 뇌물을 건네고 수류탄으
로 미국 항공기를 폭파하는 거죠. 갈수록 미군의 피로도는 높아만
갑니다.

4) 미국 지상군의 상륙

미국이 더 이상 전쟁을 오래 끌어서는 안 되겠다는 판단을 하고 급기야 미 지상군을 파병을 결정합니다. 1965년 11월 12일, 미 지상군은 이아드랑 전투에서 대승을 거둡니다. 제2차 세계대전으로 실전 경험이 풍부하고, 최고의 악바리 일본군을 가볍게 해치웠던 최정예부대가 와서 싸우는데 베트콩이 상대가 되겠습니까? 그렇게 베트콩 소탕전을 벌이자, 위기를 느낀 베트콩들은 몸을 숨깁니다.

베트콩에 승리를 거두니까 미국 정권 지지도가 올라갑니다. 여기서 존슨이 오판을 하고 군대를 더 투입하기 시작합니다. 그렇게

미 지상군의 상륙

미군 전략 변화
· 스타라이트 작전(Op. Starlight) : 제1기병대 투입
· 이아 드랑(Ia Drang) 전투(1965년 11월) : 미국의 지상권 대승

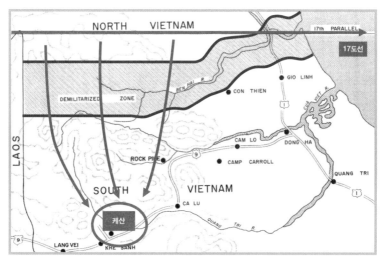

케산을 통한 급습

베트남으로 파병되는 인원이 급속히 증가합니다. 무려 매년 10만
여 명 씩 증파합니다. 우방국의 해외 파병도 호소합니다. 군대들이
마구 들어오기 시작합니다.

그런데 이때 생각지도 못했던 일이 벌어집니다. 거꾸로 북베트
남이 남쪽으로 쳐들어오는 거예요. 미군의 폭격으로 온갖 시설이
다 망가졌잖아요? 그런데도 북베트남이 거꾸로 쳐들어옵니다. 북
위 17도선, 우리로 치면 DMZ와 같은 지역 아래에 케산이라는 곳
이 있습니다. 이 케산으로 북베트남이 쳐들어와요. 사실은 정말 생
각을 못했던 일이에요. 한편으로는 미국이 간과한 것이기도 하지
요. 아무리 폭격을 하더라도 전쟁은 최종 점령지에 깃발을 꽂아야
이기는 것 아니겠습니까?

흥미로운 것은 케산이라는 곳도 디엔비엔푸와 마찬가지로 고원입니다. 여기를 차지해야 유리한 거죠. 미국의 입장이 되어서 생각해 보세요. 어떤 생각이 드시겠어요? 고원을 지키다가 박살이 났잖아요. 당연히 겁이 나죠. 고원을 포기하자는 견해도 나옵니다. 이때 윌리엄 웨스트모어랜드(William Westmoreland) 장군이 등장하더니, 케산을 지킬 수 있다고 주장합니다.

윌리엄 웨스트모어랜드

케산의 급습에 대한 평가
· 케산은 제2의 디엔비엔푸 : 안개가 많아 항공 전력 공급이 원활치 못함
· 웨스트모어랜드의 반박
- 분지가 아닌 고원
- 지상 보급 가능
- 헬기 지원 및 철수 가능

'케산과 디엔비엔푸는 달라! 우리가 충분히 지킬 수 있어. 케산은 분지가 아닌 고원이야. 그리고 우리는 지상보급이 가능해. 왜? 여기는 사이공이 옆에 있으니 항상 보급이 올 수 있어. 그리고 우리는 항공기뿐만이 아니라 헬기 지원이 가능해'라고 주장하는 겁니다.

　항공기하고 헬기의 차이점은 낮게 날 수 있다는 것입니다. 베트남전 영화에는 헬기가 주로 나오죠? 밀림이 많아서 높이 나는 항공기는 무차별 포격을 할 수 밖에 없으므로 효율성이 떨어지죠. 그런데 헬기는 낮게 떠서 목표를 보면서 포격할 수 있기 때문에 정확도가 높아요. 밀림에서는 헬기가 더 중요하죠.

케산 급습의 결과		
	남베트남/미연합군	북베트남
병력	4만 5천 명 해병대 6,000명	1만 7,200명
전사	274명	2,469명
부상	2,541명	

　케산은 해병대 6,000명이 지키고 있었는데, 북베트남군 1만 7천 명이 공격을 합니다. 적은 숫자로 많은 숫자를 공격한다는 것도 기본 전쟁 수칙에 어긋나지만 무기수준도 떨어지는 북베트남군이

최강 전력을 자랑하는 미군에게 먼저 공격을 한다는 점에서 무모한 일입니다.

북베트남이 케산을 급습할 때 미군이 단일전투에서 최대 폭탄량을 투하합니다. B-52로 폭격하고 네이팜탄을 투하합니다.

케산 공격

B-52 폭격

네이팜 투하

전자전(SLAM) 전술

저격수 등장

네이팜탄은 그냥 폭탄이 아니라 터지면서 불길이 확 일어나는 폭탄입니다. 너무 끔찍하기 때문에 지금은 쓰지 않습니다. 네이팜탄은 물속에 숨어도 소용이 없다고 합니다. 네이팜탄이 물에 들어가면 그 주변의 물이 다 끓는다고 하지요. 끓는물 속에서 사람이 어떻게 되겠습니까? 굉장히 끔찍한 폭탄이죠. 이 끔찍한 네이팜탄을 왜 떨어뜨리겠어요? 숲을 불태우고자 하는 부가적 목적이 있었습니다. 그래야 시야가 확보되니까요. 이렇듯 모든 무기는 끔찍한 것입니다.

이런 무기를 가진 미군과 남베트남군 4만 5천 명을 1만 7천 명의 월맹군이 포위하고 들어오는 거예요. 포위라는 말 자체가 사실

맞지 않죠. 그런데도 결과는 예측할 수 없었죠. 이 4만 5천 명이라는 수에는 빈틈이 있었거든요. 4만 5천 명이 다 미군이면 100% 미군이 이겨요. 그런데 대부분이 베트남군이란 말이에요. 앞에서도 말했지만 베트남군은 군대가 아니에요. 무기도, 전략도 미국에 비해서는 뒤처진 집단이었죠. 하지만 북베트남과 베트콩은 다르죠.

베트콩에 대한 미군의 공포심이 얼마나 대단했냐면, 케산에 보급품을 전달하러 수송기가 왔는데 착륙하지 않고 하늘에서 던지고 가는 거예요. 내려서 물건을 인수인계해주고 가고 싶은데 그 인수인계 받으러 온 군인이 베트남군인지 아니면 베트남 군복을 입은 베트콩인지 도대체 알 수 없으니까 말입니다. 베트콩과 정상적인 전투를 한다면 베트콩이 미국의 상대가 되겠습니까? 하지만 베트콩은 눈에 보이는 적이 아니라 눈에 보이지 않는 적이기에 그 두려움은 커질 수 밖에 없었습니다.

베트남 전쟁에 왜 그렇게 민간인 학살이 많았냐면, 언제 어디서 적이 나타날지 모른다는 공포심 때문이었어요. 게릴라전이잖아요. 소녀가 갑자기 와서 '성냥 사세요' 하기에 별 생각 없이 성냥을 사서 켜는 순간 터져서 죽는 거죠. 그런 불안 때문에 민간인도 믿을 수 없었던 겁니다.

결과적으로 케산 전투에서는 미국이 이겼습니다. 케산을 지켰고 북베트남의 남침 루트도 차단했어요. 그런데 화력소모량이 단일 전투사상 최대였습니다.

위의 통계를 한번 보세요. 폭탄 투하량이 10만 톤이죠? 포탄은

- 미군의 화력 소모량(단일 전투 역사상 최대)
  - 포탄 15만 9천 발, 근접 항공 지원 2만 4천 대, B-52 2,700 소티, 폭탄 투하량 10만 톤
  - 미군 전사 205명, 북베트남군 전사 1만~1만 5천 명(미군 추정)
- 미군 : 북베트남의 남침 루트 차단 성공
- 북베트남 : 미군에게 공포심 부여 성공, 전쟁의 부정적 이미지 형성

16만 발 쐈죠? 그런데 북베트남군 2,000명이 죽습니다. 포탄 800발에 한 명 죽은 거예요. 총이 아니라 폭탄 10만 톤이 떨어졌는데 북베트남 측의 주장에 따르면 2,000명이 죽어요. 비극인지 희극인지 모르겠지만, 폭탄 50톤을 떨어뜨려야 한 명이 죽어요. 북베트남 군사가 50만 명쯤 되거든요? 50만 명을 죽이려면 폭탄을 얼마나 터뜨려야 해요? 느낌이 오지요?

베트남 전쟁이라는 게 얼마나 끔찍한지, 미군들에게 공포심이 조성됩니다. '야, 이거 제2차 세계대전하고는 다른데?' 싶었겠죠. 하지만 이제 공포영화는 시작 단계에 불과합니다.

3
최첨단 무기의 배신

1) 구정 대공세

베트남전을 다룬 영화를 보면 흔히 나오는 장면이 있습니다. 미군들이 베트남 여자들과 춤을 추면서 설날 휴일을 즐기고 있는데 갑자기 총알이 날아오죠. '뭐야, 오늘 구정인데 왜 이래?' 하면서 파티를 즐기던 군인들이 깜짝 놀라죠. 이것이 바로 유명한 구정 대공세(1968)입니다.

북베트남은 설날(구정)에 미군이 있는 남베트남 쪽으로 밀고 내려오면서 총력전을 펼칩니다. 그야말로 공세(적을 무찌르는 적극적인 교전 형태)인 거죠. 그동안 두 나라는 관습적으로 구정에는 휴전을 해 왔는데, 북베트남이 이를 어기고 공격을 퍼붓습니다.

사실 북베트남의 입장에서는 미국과의 전쟁에 지칠대로 지친 상태였습니다. 미국으로부터 수없이 많은 폭격을 당하면서, 그야

쯔엉찐(1907~1988)

말로 악과 깡만 남아있었습니다. 거기다 계속된 전쟁으로 인구가
감소하면서 전쟁에 군인을 동원하는 것조차 힘들어지기 시작합니
다. 연속적인 패전으로 사기도 떨어지죠.

때문에 북베트남은 장기전으로 가면 지겠다고 생각한 거예요.
적군의 포탄은 전쟁이 끝날 때까지 무제한 생산될텐데, 더 이상 폭
격을 당하고만 있을 수는 없다고 생각합니다. 결국 휴일 기습공격
을 감행하며 미국을 아주 끝장내려고 합니다. 마침 구정 연휴라 전
부 휴가 중일테니, 이때 대공세를 퍼붓기로 합니다.

그런데 여기서 북베트남은 한 가지 오판을 저지릅니다. 베트남
이 독재와 부패로 완전히 난장판이잖아요? 반정부 감정이 최고조
인 만큼, 북베트남이 전략적으로 쳐들어가면 베트콩이 협조해서
이길 수 있다고 생각했어요.

말하자면 '구정 대공세로 완전 무장해서 엎어 버리자. 반정부

· 지압의 승전 공언(1967년 9월)

  미군의 대공세 징후 포착(1967년 11월)

· 관습적 구정 휴전(1968년 1월 29일~30일)

· 구정 대공세

· 미국의 불안 요인

- 남베트남의 반미 감정 및 반정부 감정 강화

- 이후 미국의 전쟁 반대 분위기 강화(1968년의 대통령 선거 영향)

· 북베트남의 불안 요인

- 인구 손실 → 인구 감소

- 연속적인 패전으로 인한 피로 : 단기전에의 집착 강화

감정에, 미군의 무차별 폭격과 민간인 살상으로 반미감정도 생겼으니 지금이 찬스야. 게다가 미국 본토에서도 반전 분위기가 조성되고 있어. 우리가 대공세를 하면 미국이 못 당할 거야'라는 나름대로의 판단을 한 겁니다. 사실 북베트남의 2인자인 쯔엉찐은 이와 반대로 '구정 대공세가 아닌 장기전으로 지치게 해야 한다'고 주장합니다. 어떻게 보면 이 사람 말이 맞았지요.

하지만 결과적으로 그의 주장은 밀리게 되고, 남베트남 전역에서 구정 대공세가 벌어집니다. 이때 미군이 패했다고 알려지기도 하는데, 실제로는 북베트남이 패배합니다. 베트콩이 미 대사관을

공격했으나 탈취하는 데 실패를 하기 때문이죠. 실패의 이유는 내부 통신망을 확보하지 못해서 일부 베트콩은 2시에 나타나고, 일부는 4시에 나타나고, 일부는 6시에 나타났기 때문입니다. 손발이 맞지 않았던 것이죠. 결국 참담한 결과를 맞이합니다.

베트남 전쟁 성패 여부
· 북베트남의 패인
- 병력의 분산으로 인한 효율적 점령의 실패
- 동시다발적 습격 실패 : 습격 시점이 제각각 달랐음 ⇒ 미연합군 대응
- 미 연합군의 화력 지원
- 베트콩의 조직 노출 ⇒ 게릴라전 재고
- 점령 이후 학살 : 남베트남에서의 반(反)북베트남 감정 고조
⇒ 민중봉기 전략 실패

북베트남의 구정 대공세로도 미국은 무너지지 않습니다. 게다가 북베트남은 병력이 분산되어 있어서 동시다발적인 습격 계획도 실패를 합니다. 미 연합군의 화력 지원이 워낙 대단했고, 은밀해야 할 베트콩의 조직이 이미 노출됐기 때문이었습니다.

또한 베트콩은 결정적인 실수를 하나 합니다. 그것은 바로 양민학살입니다. 베트콩이 무장봉기를 해서 어떤 지역을 점령하잖아요? 이때 베트콩은 그 지역의 군인가족을 다 학살했습니다. 그러니까 민심이 돌아서죠. '빨갱이들, 해방시켜 준다더니 해방이 아니라 살육만 하네.' 이런 평가가 나올 수밖에요.

2) 미국의 베트남 철수

케산 습격도 막아내고, 구정 대공세도 물리치고 이제 남은 것은 미국의 승리밖에 없어 보입니다. 그런데 슬슬 세상이 바뀌기 시작합니다. 당시 CBS 〈이브닝 뉴스〉에 우리나라의 손석희 같은 유명한 앵커월터 크롱카이트(Walter Cronkite)가 이런 발언을 합니다. '낙관주의자들이 이기고 있다고 했습니다만 냉정히 현실을 보면 우리는 교착상태에 빠진 것 같습니다. 불행히도 이게 결론입니다.'

이때 전쟁기간이 5년을 넘어서서 6년째에 접어들었거든요. 오래 지속된 전쟁으로 미군과 미국인들의 피로도는 누적되고 있었습니다. 미군 사망자 수가 1965년 114명에서 다음 해에는 417명, 782명 하

월터 크롱카이트

는 식으로 해마다 늘더니 1968년에는 1,216명이 죽습니다. 이라크전에서도 마찬가지였죠. 게다가 퇴역 병사들의 국내 부적응 문제가 발생하게 됩니다. 그런 끔찍한 전쟁을 겪고 왔으니 미국에 돌아와서도 문제가 발생하는 겁니다.

베트남 전쟁 사망자 수							
년도	1964	1965	1966	1967	1968	1969	1970
미군	216	1,964	6,143	11,153	16,592	11,616	6,081
남베트남군	7,457	11,242	11,593	12,716	27,915	21,833	23,346

- 협상 요청과 파기, 그 사이에 기습의 연속 ⇒ 미군 피로도 증가
- 퇴역 병사들의 국내 부적응 문제
- 단기적인 종전 시도 : 전술핵 이용 논란

미국인들은 '핵이라도 써야 되나? 그러다 다시 세계대전이 벌어지면 어떡하지?' 이런 생각을 하게 되고, '이 전쟁을 포기 해야겠다'는 생각이 드는 거죠. 그리고 미국 대통령 선거에서 전쟁을 이끌었던 민주당 대신 공화당이 승리를 합니다. 공화당의 닉슨 공약이 '베트남 철수'였습니다. 덕분에 닉슨은 큰 표 차이로 당선이 됩니다. 이제 미국은 더 이상 참전을 유지하기 어렵게 됐고, 전쟁의

흐름은 이렇게 변화의 기로에 섭니다.

3) 미국이 승리를 거두지 못한 결정적 이유

① 공중전의 배신

이제부터는 미국이 왜 이렇게 결정적인 승리를 거두지 못했는지 전반적으로 살펴 보겠습니다.

첫 번째, 미국이 가장 자신 있었던 전투 형태는 말할 것도 없이 공중전이었습니다. 공중전은 미국이 생각하기에 거의 100%의 승률을 가진 게임이었죠.

그런데 이때, 미처 생각지 못한 문제가 발생합니다. 베트남이 가지고 있었던 대공포와 지대공미사일이 걸림돌로 작용합니다. 만일 이라크가 지대공미사일을 가지고 있다고 하면 그렇게 공포스럽지는 않을 겁니다. 사막이라 지대공미사일을 숨기기 어려울 테니 발사하기 전에 먼저 폭격해서 제거하면 되니까요. 그런데 베트

공중전의 배신(좌: 곡사포, 우: 지대공 미사일)

남은 밀림이잖아요. 그러니까 안 보이죠. 그때도 위성이 있어서 볼 수는 있었지만 지금처럼 정밀하지 못했어요. 위에서 보면 숲밖에 안 보이는 거죠. 미국 입장에서 생각해 보면, 항공기를 띄웠을 때 밀림에서 갑자기 지대공미사일이 튀어나와서 항공기를 격추시키는 거죠. 때문에 이후 미국은 살상력이 큰 네이팜 연료의 화염 무기인 네이팜탄을 쓰게 됩니다. 또한 헬리콥터로 저공비행을 하면 대공포가 공격하는 탓에 항공기와 헬리콥터 둘 다 오도가도 못했습니다. 베트남 전에서 미국의 항공기가 1천 대 넘게 격추당합니다. 미국이 일본하고 싸울 때는 그냥 날아가서 폭격하고 오면 되는 거였잖아요? 그런데 베트남은 그게 아니에요. 갈 때도 조심히 가야 합니다. 밀림 위를 날고 있으면 조종사들이 불안해서 미치는 거예요. 어디서 뭐가 나타나서 공격할지 모르니까요. 조종사들의 사기도 현격하게 떨어집니다.

게다가 더 황당한 사건이 터집니다. 북베트남이 비행기를 출격시켜 미국과 공중전을 시도합니다. 물론 비행기는 북베트남이 만든 것이 아니라 소련제 미그기입니다. 자 이제 미국의 팬텀기와 소련제 미그기와의 대결이 펼쳐집니다. 두 비행기를 비교해 볼까요? 팬텀기는 미그기보다 크고 빠릅니다. 거기다 팬텀기의 무기는 미사일입니다. 반면 미그기의 무기는 기관총이고요.

자, 여러분이 조종사라면 어떤 항공기로 싸우고 싶겠어요? 당연히 팬텀기로 싸우고 싶죠? 미사일까지 탑재하고 있잖아요. 그런데 실제 전투에서는 미그기가 더 많이 승리합니다. 북베트남에 '무

좌: 베트남 미그기 / 우: 미국의 팬텀기(미사일 탑재)

덤 대령'이라는 별명으로 유명한 항공기 조종사가 있는데, 이 사람은 미그−17로 팬텀기 9대를 격추시켰다고도 하죠. 팬텀기는 미사일까지 달려 있는데 어떻게 이런 결과가 나올 수 있을까요? 한 번 알아볼게요.

1, 2차 대전 때는 전투기에 기관총을 달고 쏘면서 적 항공기를 격추시키고 적진을 파괴했습니다. 그런데 앞서 이야기한 것처럼 제2차 세계대전이 끝날 무렵 폰 브라운 박사가 로켓미사일을 개발하죠. 이때부터 미국의 전투기엔 기관총 대신 미사일이 달립니다. 그런데 1953년쯤 중공군 항공기가 대만으로 넘어와서 분쟁이 발생하고, 국지전이 벌어집니다. 이때 미사일을 장착한 미국 전투기가 중국 군대를 다 박살냅니다. 중공군은 기관총을 쏘는데, 미군 전투기에서 뭔가 날아오더니 터지는 거죠. 중국의 전투기 조종사는 그렇게 난생 처음 보는 무기에 속수무책으로 당합니다.

미군은 이때부터 모든 항공전에 미사일을 탑재한 팬텀기를 가지고 싸웁니다. 미그기와 달리 팬텀기는 앞에 레이더가 달려 있습니다. 미사일을 발사해서 목표물에 맞추려면 레이더가 있어야죠. 그렇게 최신식 시설을 탑재하다 보니 전투기의 값도 올라갑니다. 미국은 이렇게 비싸고 좋은 무기를 장착한 팬텀기가 미그기에게 패할 거라고는 전혀 생각하지 못했습니다.

어쨌든 미군이 자랑하는 팬텀기 F-4가 전쟁에 모습을 드러냅니다. 열 추적 장비를 내장하고 가까운 거리에서도 쏠 수 있도록 사정거리가 1~18km인 사이드와이더라고 불리는 공대공 단거리 미사일 4기를 장착한 전투기 입니다. 심지어 이후에 생산되는 F-8과 F-105는 음속의 속도를 내는 전투기입니다. 반면 월남군의 주력기인 미그 17은 사정거리가 고작 700미터인 기관총만 장착하고 있는 전투기였죠. 그런데 막상 실제 전투에서 격추되는 건 팬텀기였습니다. 이게 어떻게 된 일일까요?

두 전투기가 오 킬로미터 정도의 거리를 두고 맞닥뜨렸다고 생각해 봅시다. 오 킬로미터면, 미그기의 사정거리가 짧은 기관총으로는 닿지 않지만 펜텀기의 미사일 공격 범위에는 충분히 들어오는 거리죠. 그런데 정작 팬텀기는 미사일을 쏠 수 없습니다. 왜냐면 팬텀기의 미사일은 엔진분사열을 추적하여 날아가는 방식이기 때문입니다. 다시 말해, 정면으로 날아오는 비행기는 후미의 엔진 열을 감지할 수 없으니 미사일이 무용지물이 된 것입니다.

자 이제 팬텀기는 미사일을 쏘기 위해서는 미그기의 꼬리를 잡아야 합니다. 그런데 문제가 팬텀기는 크기 때문에 회전반경이 큽니다. 당연히 크게 돌아야 합니다. 그러니 미그기를 잡기가 쉽지 않죠. 그런데 이때 미그기가 갑자기 속도를 줄입니다. 팬텀기도 속도를 줄여야 하는데 속도가 워낙 빠르고 덩치도 컸기 때문에 속도를 줄이기가 쉽지 않습니다. 버벅거리는 순간 벌써 팬텀기와 미그기의 거리는 불과 500m입니다. 이제 남은 것은 팬텀의 추락 뿐.

그밖에도 팬텀기가 패배할 수밖에 없었던 이유가 몇 가지 더 있습니다. 그 중 하나는 당시 팬텀기에는 기관총이 없었다는 겁니다. 미사일의 열 추적 장치 역시 베트남의 습하고 더운 기후에서는 자주 고장이 났다고 합니다. 마지막으로, 당시 미국의 조종사들은 무조건 이길 거라는 미 공군의 생각에 따라 미사일 조준과 발사 외에는 별다른 훈련을 받지 않았다고 합니다. 기술에 대한 맹신이 패전으로 이끈 것이지요.

베트남의 공군절은 4월 3일이라고 합니다. 월남군의 미그 17이 1965년 4월 3일에 미군의 초음속 전투기 F-8을 격추시켰기 때문이라고 합니다.

여기서 재미있는 건, 가격이 3분의 1도 안되는 전투기가 더 비싼 전투기를 격추시켰다는 겁니다. 당시 팬텀기는 약 240만 달러였고, 미그기는 약 100만 달러였으니까요. 미국은 절대적인 숫자가 많아서 버틴 거지 실제로는 전투에서 진 거나 다름없습니다. 공중전도 그랬지만 피격에서도 차이가 많이 나죠. 미국의 총 피격 수는 1,783이고 월맹은 141입니다. 이 숫자는 대부분 월맹의 대공포나 지대공미사일 같은 것에 당한 것입니다. 월맹은 피격도 거의 안

당했잖아요.

그래서 의외로 공중전에서 미국이 승리를 못했어요. 제공권을 확보하기는 했지만 미국이 원하던 일방적인 승리는 아니었습니다.

기술 신화의 붕괴					
미군 손실			월맹 손실		
총손실	총피격	공중전	총손실	총피격	공중전
제트 고정익	2,182	1,783	570	141	141	131
프롭 고정익	1,015	1,015				
회전익	5,086	5,086				
인명	사망 5,152명, 실종 932명					

이때 헬리콥터에 대항하는 무기는 M60이었습니다. 저도 군 시절에 다루어 봤던 무기인데, 기관총 같은 겁니다. 미국의 무기인 M60은 베트남 군인들에게 전해지게 됩니다. 이후 베트남 군인들이 북베트남, 베트콩한테 팔아 넘기게 되니, 결과적으로는 미국의 무기인 M60이 미국의 헬리콥터를 격추시키는 모양새가 되었습니다.

② **실패한 북폭**

　미국을 가장 힘들게 한 것은 베트남의 정글이었습니다. 보이지 않는 적들과 싸우자니 얼마나 힘들겠습니까? 그래서 정글을 태우려고 많은 노력을 합니다.

베트남 최대의 골칫거리 정글

　그런데 태우는 것도 마음대로 안 됩니다. 베트남이 워낙 덥고 습하다 보니, 나무들이 잘 타지 않습니다. 우리나라 나무들 같으면 봄철에 불태우면 다 불탈 거 아니에요. 미국이 베트남의 밀림도 불태워버리고 싶은데 나무들이 엄청 크고 수분을 많이 머금고 있어서 불이 좀처럼 잘 붙지 않습니다. 나무들만 불에 탄다면 왜 네이팜탄을 쏘겠습니까? 그냥 화염방사기로 불 지르면 되는데요. 안 되니까 어떻게든 불을 붙이려고 네이팜탄 수십만 톤을 쓴 것입니다.

　그래서 등장한 것이 고엽제입니다. 불로 되지 않으니까 다 말려

베트남전 당시 네이팜 사용

고엽제 사용

죽이려고 고엽제를 엄청나게 뿌려 댄 겁니다. 고엽제를 9,100만 리터 뿌립니다. 왜 고엽제 피해자가 나오는지 알겠죠. 사실 베트남 전쟁으로 인해 사람도 많은 피해를 입었지만, 베트남 밀림에 있던 동물과 식물도 큰 피해를 입습니다.

전쟁은 이렇듯 살아있는 모든 생명에 끔찍한 영향을 끼칩니다. 화학무기를 사용하는 현대의 전쟁은 더욱 더 무섭죠. 과거나 지금이나 전쟁은 절대 일어나서는 안 되는 겁니다.

③ 호치민 루트

미국은 처음 계획했던 것과 달리, 공중전도 밀림 제거도 마음대로 되지 않으면서 좀처럼 승기를 잡지 못합니다. 전쟁은 장기화되고 적군도 아군도 지치게 되죠. 하지만 미국은 베트남군의 보급로조차 제대로 끊지 못했습니다. 당시에 호치민은 모든 군사 지원과 물자를 '호치민 루트'를 통해 보급했는데, 미국도 이 사실을 잘 알고 있었습니다.

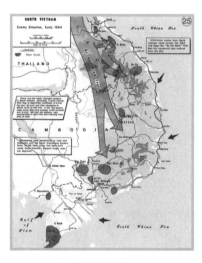

호치민 루트

사실 이 전쟁에서 미국이 유리해지려면, 호치민 루트를 폭격하면 되는 거였죠. 그러나 폭격하지 못한 이유가 있었으니, 그것은 바로 정치적인 제약 때문이었어요. 공교롭게도 호치민 루트는 베트남 주변국의 접경지대에 걸쳐 있었습니다. 포격을 했다가는 다른 나라와의 관계에 문제가 생길 수 있는 거였죠. 또한 잘 알려져 있는대로, 호치민 루트는 베트남 사람들 체형에 맞게 판 좁은 동굴이라 덩치가 큰 미군은 못 들어갔다고 하죠. 이 루트는 하노이부터 사이공까지, 무려 1,000km가 넘었다고 합니다. 그 큰 규모에 걸맞은 지하벙커도 있어서 그 안에서 사람들의 생활이 어느정도 가능했다고 합니다. 지상에 폭격을 해도 밀림만 불에 탈 뿐, 지하의 터널은 멀쩡했다고 합니다. 미국은 결국 베트남의 보급로, 호치민 루트를 공략하지 못합니다.

저는 예전에 방송 때문에 직접 그곳에 가 보았는데 그 규모에 깜짝 놀라고 말았습니다. 처음에는 성인 한 사람이 간신히 들어갈 정도의 작은 동굴인 줄 알았는데, 그 안으로 들어갈수록 엄청난 규모를 자랑하고 있었습니다. 그야말로 기가 막히다는 생각밖에 들지 않았죠.

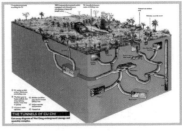

구찌 터널(250km)을 이용한 보급과 이동

④ 베트남 전쟁에 대한 미국 국민의 실망

이번 전쟁에서 계획대로 되는 것이 하나도 없었던 미군을 더 힘들게 했던 것은 자국민들의 실망과 반전(反戰)여론이었습니다.

미라이 학살은 미국 내 반전여론에 불을 붙인 사건이었습니다. 사실 학살이 없는 전쟁이란 드물죠. 예전에는 전쟁을 하다 보면 학살을 하는 것이 당연하다는 인식과 함께 묵인되는 분위기였지만, 문명화되고 현대화가 진행되면서 전쟁 상황에서도 학살은 절대 일어나서는 안된다는 인식이 점차 퍼져나가고 있었습니다.

그런데 이때, 전쟁의 참혹한 상황을 담은 한 장의 사진이 세상을 발칵 뒤집어 놓습니다. 한 소녀가 벌거벗은 채 카메라를 향해 달려오는 사진이죠. 알고보니 이 사진 속 소녀는 네이팜탄(살상력이 큰 네이팜 연료의 화염 무기)의 폭격에 옷에 불이 붙어 전신 화상을 입은 상태였습니다. 불이 붙은 옷을 떼어내느라 몸에 아무것도 걸치지 못했던 것이었습니다.

베트남 전쟁에 대한 여론

· 주 방위군과 예비군이 투입되지 않았던 최초의 전쟁
· 초기부터 반대 여론이 컸음 : '자유'의 1960년대, 명분 없는 전쟁
· 미라이 학살 : 게릴라 작전 도중 민간인 374~504명 사살(1963년 3월 16일),
  1969년 〈Life〉를 통해 공개, 책임자 중 신병 1인만 처벌

미라이 학살　　　　네이팜 화상을 입은 소녀　　　고엽제 피해아 사체

　　게다가 당시 미국사회는 자유와 진보의 물결이 넘쳐흐르는 1960
년대 후반 ~ 1970년대 초반이었습니다. 이런 사진들이 뉴스에 보
도되면서 반전여론이 들끓기 시작합니다.

⑤ 남베트남의 부패에 대한 실망

　　이 당시 베트남 내부의 상황 역시 아주 좋지 않았습니다. 남베
트남의 극심한 부패로 국민들이 고통받고 있었죠.

　　미국이 남베트남에 제공한 무기들은 암시장에서 거래되었습니
다. 이로 인해 미군의 무기를 들고 미군과 싸우는 어이없는 일이

남베트남의 부패
· 무기 암시장의 활성화
· 베트남 민중의 신뢰를 완전히 잃은 지도부
· 잦은 민중봉기와 혼란
· 전시에는 망명과 도주의 연속

벌어집니다. 민중봉기는 수도 없고, 군인들조차 망명과 도주를 밥 먹듯 합니다. 예를 들어, 다음날 전투가 있다고 하면 대부분의 베트남 군인들이 공중전화 앞에 서 있었습니다. 싸우기 싫으니까 가족들을 데리고 망명을 할 생각을 하는 거죠. 그 모습을 상상해 보세요. '내일 10시에 전투다, 소집!' 하면 '네, 알겠습니다!' 하고 가서 줄 서서 전화해요. 전화 내용이 똑같아요. 대개 '내일 선박 몇 시에 어디에 준비해 줘'와 같은 내용입니다. 무기는 베트콩에게 팔아서 돈으로 바꾸고요. 오죽했으면 미국이 철수를 결정했을까요.

미군의 철수
· 1973년 파리 강화회의 : 미군의 남베트남 지원 중지 약속(지켜지지 않음) · 1973년 미군 철수 · 1974년 워터게이트 사건, 닉슨 사임

한편 미국은 철수를 하면서도 남베트남이 함락당하는 것을 막기 위해 엄청난 양의 무기를 지원해 줍니다.

군인 수는 비슷했지만, 그외 헬기나 장갑차, 항공기와 함선을 종합해 보면 전력차이가 어마어마합니다. 상식적으로 전쟁이 흘러갔다면 당연히 남베트남이 이길 수 밖에 없는 전력차였습니다. 하지만 남베트남은 미군 철수 후 한 번도 이기지 못합니다. 나중에는 아예 전투가 벌어지지 않습니다. 군인들이 도망간 자리에 멀쩡한 항공기와 무기만 덩그러니 남아 있죠.

총 피해를 한번 살펴보기로 하죠. 다음의 표는 군인의 피해 상황만 기록한 것이기 때문에 실제 피해는 이보다 훨씬 더 큽니다. 미군은 6만 명에 가까운 많은 사람들이 죽었습니다. 북베트남 군인은 7만 명이 사망했습니다. 이 역시 큰 피해지만 그래도 의외로 사망자의 수가 적습니다. 남베트남도 의외로 적은 인원이 사망했습니다. 도망간 사람이 대부분이었으니까요. 결과적으로 보면 베트콩이 가장 많이 사망하였습니다. 다른 나라의 사망자 수를 모두 다 합쳐도 베트콩 전사자의 수를 따라가지 못합니다.

종결이 되는 듯 보였던 베트남 전쟁은 그러나 이후에 다시 전쟁이 벌어지게 됩니다. 불과 2년 후인 1975년 북베트남이 남베트남을 공격한 것입니다. 그 결과 자유주의 수호를 위해 이루어진 많은 희생에도 불구하고 남베트남 정부는 결국 붕괴되고 공산주의 정권이 들어섭니다. 베트남의 양쪽 세력은 결국 베트남 사회주의 공화국으로 통합되었죠.

우리는 이렇듯 치열했던 베트남 전쟁에 대해 잘 알아두어야 할 이유가 있습니다. 베트남 전쟁은 우리의 역사이기도 하기 때문입니다. 당시 베트남전에 참전한 한국군의 희생 또한 컸습니다. 당시 한국은 자유수호를 위해 군인을 파병했었고 그 대가로 경제발전의 밑거름을 마련했습니다. 하지만 베트남 사람들에게 씻기 어려운

베트남 전쟁 피해 상황			
남베트남	사망 : 31만 6,000명 부상 : 117만 명	북베트남	사망/실종 : 약 7만 5,000명 부상 : 13만 명 이상
미국	사망 : 5만 8,159명 실종 : 2,000여 명 부상 : 30만 3,635명	베트콩	사망/실종 : 약 53만 3,000명 부상 : 47만 명 이상
한국	사망 : 3,806~4,960명 부상 : 8,380~1만 1,000명 실종 : 3명	중국	사망 : 1,446명 부상 : 4,200명
태국	사망 : 1,351명	소련	사망 : 미상 (24명 이상 사망 인정)
필리핀	사망 : 1,000명		
호주	사망 : 520명 부상 : 약 2,400명		
뉴질랜드	사망 : 37명 부상 : 187명		
사망 합계	약 38만 명	사망 합계	약 61만 명
부상 합계	약 150만 명	부상 합계	약 60만 명 이상

상처를 준 것 역시 사실입니다.

이제는 이데올로기를 넘어 공과에 대한 평가와 반성이 정리되어야 합니다. 여러 가지 평가가 있을 수 있겠죠. 파병을 통해서 경제

발전에 도움을 받았다는 것도 부정할 수 없는 사실이고, 베트남에서 무고한 사람들에게 피해를 줬다는 것도 명확한 사실입니다. 개인적으로 거기에 대한 반성과 사죄가 있어야 한다고 생각합니다.

현대전으로 갈수록 전쟁은 더 끔찍하고 공포스러워집니다. 그 모습이 가장 잘 드러난 전쟁이 바로 6.25와 베트남전입니다. 물론 우리가 알게 된 모든 전쟁이 참혹합니다. 하지만 우리는 이런 참혹한 전쟁의 모습에 고개를 돌리는 대신 더욱 관심을 가져야 합니다. 전쟁사를 통해, 역사를 통해 우리가 얻을 수 있는 가장 빛나는 가치는 과오를 거듭하지 않는 것이기 때문입니다. 전쟁사 공부의 궁극적인 목적이 오직 반전에 있다는 것을 다시금 새기는 시간이 되었길 바랍니다.